Jean Itard

Mémoire et Rapport sur Victor de l'Aveyron

Essais

ISBN : 978-1545239049

10 9 8 7 6 5 4 3 2 1

Jean Itard

Mémoire
et Rapport sur
Victor de l'Aveyron

Essais

Table de Matières

MÉMOIRE
SUR LES PREMIERS
DÉVELOPPEMENTS
DE VICTOR DE L'AVEYRON

AVANT-PROPOS

Jeté sur ce globe sans forces physiques et sans idées innées, hors d'état d'obéir par lui-même aux lois constitutionnelles de son organisation, qui l'appellent au premier rang du système des êtres, l'homme ne peut trouver qu'au sein de la société la place éminente qui lui fut marquée dans la nature, et serait, sans la civilisation, un des plus faibles et des moins intelligents des animaux : vérité, sans doute, bien rebattue, mais qu'on n'a point encore rigoureusement démontrée... Les philosophes qui l'ont émise les premiers, ceux qui l'ont ensuite soutenue et propagée, en ont donné pour preuve l'état physique et moral de quelques peuplades errantes, qu'ils ont regardées comme non civilisées parce qu'elles ne l'étaient point à notre manière, et chez lesquelles ils ont été puiser les traits de l'homme dans le pur état de nature. Non, quoi qu'on en dise, ce n'est point là encore qu'il faut le chercher et l'étudier. Dans la horde sauvage la plus vagabonde comme dans la nation d'Europe la plus civilisée, l'homme n'est que ce qu'on le fait être ; nécessairement élevé par ses semblables, il en a contracté les habitudes et les besoins ; ses idées ne sont plus à lui ; il a joui de la plus belle prérogative de son espèce, la susceptibilité de développer son entendement par la force de l'imitation et l'influence de la société.

On devait donc chercher ailleurs le type de l'homme véritablement sauvage, de celui qui ne doit rien à ses pareils, et le déduire des histoires particulières du petit nombre d'individus qui, dans le cours du XVIIe siècle, ont été trouvés, à différents intervalles, vivant isolément dans les bois où ils avaient été abandonnés dès l'âge le plus tendre [1].

Mais telle était, dans ces temps reculés, la marche défectueuse de l'étude de la science livrée à la manie des explications, à

---

1 Linné en fait monter le nombre jusqu'à 10 et les représente comme formant une variété de l'espèce humaine. (*Système de la nature*).

Jean Itard

l'incertitude des hypothèses, et au travail exclusif du cabinet, que l'observation n'était comptée pour rien, et que ces faits précieux furent perdus pour l'histoire naturelle de l'homme. Tout ce qu'en ont laissé les auteurs contemporains se réduit à quelques détails insignifiants, dont le résultat le plus frappant et le plus général, est que ces individus ne furent susceptibles d'aucun perfectionnement bien marqué ; sans doute, parce qu'on voulut appliquer à leur éducation, et sans égard pour la différence de leurs origines, le système ordinaire de l'enseignement social. Si cette application eut un succès complet chez la fille sauvage trouvée en France vers le commencement du siècle dernier, c'est qu'ayant vécu dans les bois avec une compagne, elle devait déjà à cette simple association un certain développement de ses facultés intellectuelles, une véritable éducation, telle que l'admet Condillac [1], quand il suppose deux enfants abandonnées dans une solitude profonde, et chez lesquelles la seule influence de leur cohabitation dut donner essor à la mémoire, à leur imagination, et leur faire créer même un petit nombre de signes : supposition ingénieuse, que justifie pleinement l'histoire de cette même fille, chez laquelle la mémoire se trouvait développée au point de lui retracer quelques circonstances de son séjour dans les bois, et très en détail, surtout la mort violente de sa compagne [2].

Dépourvus de ces avantages, les autres enfants trouvés dans un état d'isolement individuel, n'apportèrent dans la société que des facultés profondément engourdies, contre lesquelles durent échouer, en supposant qu'ils furent tentés et dirigés vers leur éducation, tous les efforts réunis d'une métaphysique à peine naissante, encore entravée du préjugé des idées innées, et d'une médecine, dont les

---

1 Essai sur l'origine des connaissances humaines. IIe partie, section première.
2 Cette fille fut prise en 1731 dans les environs de Châlons-sur-Marne, et élevée dans un couvent de religieuses, sous le nom de Mademoiselle Leblanc. Elle raconta, quand elle sut parler, qu'elle avait vécu dans les bois avec une compagne, et qu'elle l'avait malheureusement tuée d'un violent coup sur la tête un jour qu'ayant trouvé sous leurs pas un chapelet, elles s'en disputèrent la possession exclusive. (Racine, *Poème de la Religion*).
Cette histoire, quoiqu'elle soit une des plus circonstanciées, est néanmoins si mal faite, que si l'on en retranche d'abord ce qu'il y a d'insignifiant et puis ce qu'il y a d'incroyable, elle n'offre qu'un très petit nombre de particularités dignes d'être notées, et dont la plus remarquable est la faculté qu'avait cette jeune sauvage de se rappeler son état passé.

vues nécessairement bornées par une doctrine toute mécanique, ne pouvaient s'élever aux considérations philosophiques des maladies de l'entendement. Éclairées du flambeau de l'analyse, et se prêtant l'une à l'autre un mutuel appui, ces deux sciences ont de nos jours dépouillé leurs vieilles erreurs, et fait des progrès immenses. Aussi avait-on lieu d'espérer que si jamais il se présentait un individu pareil à ceux dont nous venons de parler, elles *déploieraient pour son développement physique et moral toutes les ressources de leurs connaissances actuelles* ; ou que du moins si cette application devenait impossible ou infructueuse, il se trouverait dans ce siècle d'observation quelqu'un qui, *recueillant avec soin l'histoire d'un être aussi étonnant, déterminerait ce qu'il est, et déduirait de ce qu'il lui manque, la somme jusqu'à présent incalculée des connaissances et des idées que l'homme doit à son éducation.*

Oserai-je avouer que je me suis proposé l'une et l'autre de ces deux grandes entreprises ? Et qu'on ne me demande point si j'ai rempli mon but. Ce serait là une question bien prématurée à laquelle je ne pourrais répondre qu'à une époque encore très éloignée. Néanmoins je l'eusse attendue en silence, sans vouloir occuper le public de mes travaux, si ce n'avait été pour moi un besoin, autant qu'une obligation, de prouver, par mes premiers succès, que l'enfant sur lequel je les ai obtenus n'est point, comme on le croit généralement, un imbécile désespéré mais un être intéressant, qui mérite, sous tous les rapports, l'attention des observateurs, et les soins particuliers qu'en fait prendre une administration éclairée et philanthropique.

LES PROGRÈS D'UN JEUNE SAUVAGE

Un enfant de onze ou douze ans, que l'on avait entrevu quelques années auparavant dans les bois de la Caune, entièrement nu, cherchant des glands et des racines dont il faisait sa nourriture, fut dans les mêmes lieux, et vers la fin de l'an VII, rencontré par trois chasseurs qui s'en saisirent au moment où il grimpait sur un arbre pour se soustraire à leurs poursuites. Conduit dans un hameau du voisinage, et confié à la garde d'une veuve, il s'évada au bout d'une semaine et gagna les montagnes où il erra pendant les froids les plus rigoureux de l'hiver, revêtu plutôt que couvert d'une chemise en lambeaux, se retirant pendant la nuit dans les lieux solitaires, se rapprochant, le jour, des villages voisins, menant ainsi une vie vagabonde, jusqu'au jour où il entra de son propre mouvement dans une maison habitée du canton de Saint-Sernin.

Il y fut repris, surveillé et soigné pendant deux ou trois jours ; transféré de là à l'hospice de Saint-Affrique, puis à Rodez, où il fut gardé plusieurs mois. Pendant le séjour qu'il a fait dans ces différents endroits, on l'a vu toujours également farouche, impatient et mobile, chercher continuellement à s'échapper, et fournir matière aux observations les plus intéressantes, recueillies par des témoins dignes de foi, et que je n'oublierai pas de rapporter dans les articles de cet essai, où elles pourront ressortir avec plus d'avantage [1]. Un ministre, protecteur des sciences, crut que celle de l'homme moral pourrait tirer quelques lumières de cet événement. Des ordres furent donnés pour que cet enfant fût amené à Paris. Il y arriva vers la fin de l'an VIII, sous la conduite d'un pauvre et respectable vieillard qui, obligé de s'en séparer peu de temps après, promit de revenir le prendre, et de lui servir de père, si jamais la Société venait à l'abandonner.

Les espérances les plus brillantes et les moins raisonnées avaient devancé à Paris, le *Sauvage de l'Aveyron* [2]. Beaucoup de curieux se faisaient une joie de voir quel serait son étonnement à la vue de toutes les belles choses de la capitale. D'un autre côté, beaucoup de personnes, recommandables d'ailleurs par leurs lumières, oubliant que nos organes sont d'autant moins flexibles et l'imitation d'autant plus difficile, que l'homme est éloigné de la société et de l'époque de son premier âge, crurent que l'éducation de cet individu ne serait

1 Si par l'expression de *Sauvage* on a entendu jusqu'à présent l'homme peu civilisé, on conviendra que celui qui ne l'est en aucune manière mérite plus rigoureusement encore cette dénomination. Je conserverai donc à celui-ci le nom par lequel on l'a toujours désigné, jusqu'à ce que j'aie rendu compte des motifs qui m'ont déterminé à lui en donner un autre.

2 Tout ce que je viens de dire, et que je dirai par la suite, sur l'histoire de cet enfant avant son séjour à Paris, se trouve garanti par les rapports officiels des citoyens Guiraud et Constant de Saint-Estève, commissaires du gouvernement, le premier près le canton de Saint-Affrique, le second près de celui de Saint-Sernin et par les observations du citoyen Bonnaterre, professeur d'histoire naturelle à l'école centrale du département de l'Aveyron, consignées très en détail dans sa *Notice historique sur le Sauvage de l'Aveyron*. Paris, an 8.

l'affaire que de quelques mois, et qu'on l'entendrait bientôt donner sur sa vie passée, les renseignements les plus piquants. Au lieu de tout cela, que vit-on ? Un enfant d'une malpropreté dégoûtante, affecté de mouvements spasmodiques et souvent convulsifs, se balançant sans relâche comme certains animaux de la ménagerie, mordant et égratignant ceux qui le servaient ; enfin, indifférent à tout et ne donnant de l'attention à rien.

On conçoit facilement qu'un être de cette nature ne dût exciter qu'une curiosité momentanée. On accourut en foule, on le vit sans l'observer, on le jugea sans le connaître, et l'on n'en parla plus. Au milieu de cette indifférence générale, les administrateurs de l'institution nationale des Sourds-et-Muets et son célèbre directeur n'oublièrent point que la société, en attirant à elle ce jeune infortuné, avait contracté envers lui des obligations indispensables, qu'il leur appartenait de remplir. Partageant alors les espérances que je fondais sur un traitement médical, ils décidèrent que cet enfant serait confié à mes soins.

Mais avant de présenter les détails et les résultats de cette mesure, il faut exposer le point d'où nous sommes partis, rappeler et décrire cette première époque, pour mieux apprécier celle à laquelle nous sommes parvenus, et opposant ainsi le passé au présent, déterminer ce qu'on doit attendre de l'avenir. Obligé donc de revenir sur des faits déjà connus, je les exposerai rapidement ; et pour qu'on ne me soupçonne pas de les avoir exagérés dans le dessein de faire ressortir ceux que je veux leur opposer, je me permettrai de rapporter ici d'une manière très analytique la description qu'en fit à une société savante, et dans une séance où j'eus l'honneur d'être admis, un médecin aussi avantageusement connu par son génie observateur que par ses profondes connaissances dans les maladies de l'intellectuel.

Procédant d'abord par l'exposition des fonctions sensoriales du jeune sauvage, le citoyen Pinel nous présenta ses sens réduits à un tel état d'inertie que cet infortuné se trouvait, sous ce rapport, bien inférieur à quelques-uns de nos animaux domestiques ; ses yeux sans fixité, sans expression, errant vaguement d'un objet à l'autre sans jamais s'arrêter à aucun, si peu instruits d'ailleurs, et si peu exercés par le toucher, qu'ils ne distinguaient point un objet en relief d'avec un corps en peinture : l'organe de l'ouïe insensible aux bruits les plus forts comme à la musique la plus touchante : celui de la voix réduite à un état complet de mutité et ne laissant échapper qu'un son guttural et uniforme : l'odorat si peu cultivé qu'il recevait avec la même indifférence l'odeur des parfums et l'exhalaison fétide des ordures dont sa couche était pleine ; enfin l'organe du toucher restreint aux fonctions mécaniques de la préhension des corps. Passant ensuite à l'état des fonctions intellectuelles de cet enfant, l'auteur du rapport nous le présenta incapable d'attention, si ce n'est pour les objets de ses besoins, et conséquemment de toutes les opérations de l'esprit qu'entraîne cette première, dépourvu de mémoire, de jugement, d'aptitude à l'imitation, et tellement borné dans les idées même relatives à ses besoins, qu'il n'était point encore parvenu à ouvrir une porte ni à monter sur une chaise pour atteindre les aliments qu'on élevait hors de la portée de sa main ; enfin dépourvu de tout moyen de communication, n'attachant ni expression ni intention aux gestes et aux mouvements de son corps, passant avec rapidité et sans aucun motif présumable d'une tristesse apathique aux éclats de rire les plus immodérés ; insensible à toute espèce d'affections morales ; son discernement n'était qu'un calcul de gloutonnerie, son plaisir une sensation agréable des organes du goût, son intelligence la susceptibilité de produire quelques idées incohérentes, relatives à ses besoins ; toute son existence, en un mot, une vie purement animale.

Rapportant ensuite plusieurs histoires, recueillies à Bicêtre, d'enfants irrévocablement atteints d'idiotisme, le citoyen Pinel établit entre l'état de ces malheureux et celui que présentait l'enfant qui nous occupe, les rapprochements les plus rigoureux, qui donnaient nécessairement pour résultat une identité complète et parfaite entre ces jeunes idiots et le *Sauvage de l'Aveyron*. Cette identité menait nécessairement à conclure qu'atteint d'une maladie jusqu'à présent regardée comme incurable, il n'était susceptible d'aucune espèce de sociabilité et d'instruction. Ce fut aussi la conclusion qu'en tira le citoyen Pinel et qu'il accompagna néanmoins de ce doute philosophique répandu dans tous ses écrits, et que met dans ses présages celui qui sait apprécier la science du pronostic et n'y voir qu'un calcul plus ou moins incertain de probabilités et de conjectures.

Je ne partageai point cette opinion défavorable ; et malgré

la vérité du tableau et la justesse des rapprochements, j'osai concevoir quelques espérances. Je les fondai moi-même sur la double considération de la *cause* et de la *curabilité* de cet idiotisme apparent. Je ne puis passer outre sans m'appesantir un instant sur ces deux considérations. Elles portent encore sur le moment présent ; elles reposent sur une série de faits que je dois raconter, et auxquels je me verrai forcé de mêler plus d'une fois mes propres réflexions.

Si l'on donnait à résoudre ce problème de métaphysique : déterminer *quels seraient le degré d'intelligence et la nature des idées d'un adolescent qui, privé dès son enfance de toute éducation, aurait vécu entièrement séparé des individus de son espèce,* je me trompe grossièrement, ou la solution du problème se réduirait à ne donner à cet individu qu'une intelligence relative au petit nombre de ses besoins et dépouillée, par abstraction, de toutes les idées simples et complexes que nous recevons par l'éducation, et qui se combinent dans notre esprit de tant de manières, par le seul moyen de la connaissance des signes. Eh bien ! le tableau moral de cet adolescent serait celui du *Sauvage de l'Aveyron* et la solution du problème donnerait la mesure et la cause de l'état intellectuel de celui-ci.

Mais pour admettre encore avec plus de raison l'existence de cette cause, il faut prouver qu'elle a agi depuis nombre d'années, et répondre à l'objection que l'on pourrait me faire et que l'on m'a déjà faite, que le prétendu sauvage n'était qu'un pauvre imbécile que des parents, dégoûtés de lui, avaient tout récemment abandonné à l'entrée de quelque bois. Ceux qui se sont livrés à une pareille supposition n'ont point observé cet enfant peu de temps après son arrivée à Paris. Ils auraient vu que toutes ses habitudes portaient l'empreinte d'une vie errante et solitaire ; aversion insurmontable pour la société et pour ses usages, nos habillements, nos meubles, le séjour de nos appartements, la préparation de nos mets, indifférence profonde pour les objets de nos plaisirs et de nos besoins factices ; goût passionné pour la liberté des champs si vif encore dans son état actuel, malgré ses besoins nouveaux et ses affections naissantes, que pendant un court séjour qu'il a fait à Montmorency, il se serait infailliblement évadé dans la forêt sans les précautions les plus sévères, et que deux fois il s'est échappé de la maison des Sourds-Muets, malgré la surveillance de sa gouvernante ; locomotion extraordinaire, pesante à la vérité, depuis qu'il porte des chaussures, mais toujours remarquable par la difficulté de se régler sur notre démarche posée et mesurée, et par la tendance continuelle à prendre le trot ou le galop ; habitude opiniâtre de flairer tout ce qu'on lui présente, même les corps que nous regardons comme inodores, mastication non moins étonnante encore, uniquement exécutée par l'action précipitée des dents incisives, indiquant assez, par son analogie avec celle de quelques rongeurs, qu'à l'instar de ces animaux notre sauvage ne vivait le plus communément que de productions végétales : je dis le plus communément car il paraît, par le trait suivant, que dans certaines circonstances il aurait fait sa proie de quelques petits animaux privés de vie. On lui présenta un serin mort, et en un instant l'oiseau fut dépouillé de ses plumes grosses et petites, ouvert avec l'ongle, flairé et rejeté.

D'autres indices d'une vie entièrement isolée, précaire et vagabonde, se déduisent de la nature et du nombre de cicatrices dont le corps de cet enfant est couvert. Sans parler de celle que l'on voit au-devant du col et dont je ferai mention ailleurs, comme appartenant à une autre cause, et méritant une attention particulière, on en compte quatre sur la figure, six sur le long du bras gauche, trois à quelque distance de l'épaule droite, quatre à la circonférence du pubis, une sur la fesse gauche, trois à une jambe et deux à l'autre ; ce qui fait en somme vingt-trois cicatrices dont les unes paraissent appartenir à des morsures d'animaux et les autres à des déchirures et à des écorchures plus ou moins larges, plus ou moins profondes ; témoignages nombreux et ineffaçables du long et total abandon de cet infortuné, et qui, considérés sous un point de vue plus général et plus philosophique, déposent autant contre la faiblesse et l'insuffisance de l'homme livré seul à ses propres moyens, qu'en faveur des ressources de la nature qui, selon des lois en apparence contradictoires, travaille ouvertement à réparer et à conserver ce qu'elle tend sourdement à détériorer et à détruire.

Qu'on joigne à tous ces faits déduits de l'observation ceux non moins authentiques qu'ont déposés les habitants des campagnes voisines du bois où cet enfant a été trouvé, et l'on saura que dans les premiers jours qui suivirent son entrée dans la société, il ne se

14

nourrissait que de glands, de pommes de terre et de châtaignes crues, qu'il ne rendait aucune espèce de son ; que malgré la surveillance la plus active, il parvint plusieurs fois à s'échapper ; qu'il manifesta une grande répugnance à coucher dans un lit, etc. L'on saura surtout qu'il avait été vu plus de cinq ans auparavant entièrement nu et fuyant à l'approche des hommes [1], ce qui suppose qu'il était déjà, lors de sa première apparition, habitué à ce genre de vie ; habitude qui ne pouvait être le résultat que de deux ans au moins de séjour dans des lieux inhabités. Ainsi cet enfant a passé dans une solitude absolue sept ans à peu près sur douze, qui composaient l'âge qu'il pouvait avoir quand il fut pris dans les bois de la Caune. Il est donc probable et presque prouvé qu'il y a été abandonné à l'âge de quatre ou cinq ans, et que si, à cette époque, il devait déjà quelques idées et quelques mots à un commencement d'éducation, tout cela se sera effacé de sa mémoire par suite de son isolement.

Voilà quelle me parut être la cause de son état actuel. On voit pourquoi j'en augurai favorablement pour le succès de mes soins. En effet, sous le rapport du peu de temps qu'il était parmi les hommes, le *Sauvage de l'Aveyron* était bien moins un adolescent imbécile qu'un enfant de dix ou douze mois, et un enfant qui aurait contre lui ces habitudes antisociales, une opiniâtre inattention, des organes peu flexibles, et une sensibilité accidentellement émoussée. Sous ce dernier point de vue, sa situation devenait un cas purement médical, et dont le traitement appartenait à la médecine morale, à cet art sublime créé en Angleterre par les Willis et les Crichton, et répandu nouvellement en France par les succès et les écrits du professeur Pinel.

Guidé par l'esprit de leur doctrine, bien moins que par leurs préceptes qui ne pouvaient s'adapter à ce cas imprévu, je réduisis à cinq vues principales le traitement moral ou l'éducation du *Sauvage de l'Aveyron*.

PREMIÈRE VUE : L'attacher à la vie sociale, en la lui rendant plus douce que celle qu'il menait alors, et surtout plus analogue à la vie qu'il venait de quitter.

DEUXIÈME VUE : Réveiller la sensibilité nerveuse par les stimulants les plus énergiques et quelquefois par les vives affections

1 Lettre du citoyen N... insérée dans le *Journal des Débats*. 5 pluviôse, an 8.

de l'âme.

TROISIÈME VUE : Étendre la sphère de ses idées en lui donnant des besoins nouveaux, et en multipliant ses rapports avec les êtres environnants.

QUATRIÈME VUE : Le conduire à l'usage de la parole en déterminant l'exercice de l'imitation par la loi impérieuse de la nécessité.

CINQUIÈME VUE : Exercer pendant quelque temps sur les objets de ses besoins physiques les plus simples opérations de l'esprit en déterminant ensuite l'application sur des objets d'instruction.

I

PREMIÈRE VUE. - *L'attacher à la vie sociale en la lui rendant plus douce que celle qu'il menait alors, et surtout plus analogue à la vie qu'il venait de quitter.*

Un changement brusque dans sa manière de vivre, les fréquentes importunités des curieux, quelques mauvais traitements, effets inévitables de sa cohabitation avec des enfants de son âge, semblaient avoir éteint tout espoir de civilisation. Sa pétulante activité avait dégénéré insensiblement en une apathie sourde qui avait produit des habitudes encore plus solitaires. Aussi, à l'exception des moments où la faim l'amenait à la cuisine, on le trouvait toujours accroupi dans l'un des coins du jardin, ou caché au deuxième étage derrière quelques débris de maçonnerie. C'est dans ce déplorable état que l'ont vu certains curieux de Paris, et que, d'après un examen de quelques minutes, ils l'ont jugé digne d'être envoyé aux Petites-Maisons ; comme si la société avait le droit d'arracher un enfant à une vie libre et innocente, pour l'envoyer mourir d'ennui dans un hospice, et y expier le malheur d'avoir trompé la curiosité publique. Je crus qu'il existait un parti plus simple et surtout plus humain ; c'était d'user envers lui de bons traitements et de beaucoup de condescendance pour ses goûts et ses inclinations. Mme Guérin, à qui l'administration a confié la garde spéciale de cet enfant, s'est acquittée et s'acquitte encore de cette tâche pénible avec toute la patience d'une mère et l'intelligence d'une institutrice éclairée. Loin de contrarier ses habitudes, elle a su, en quelque sorte, composer avec elles et remplir par là l'objet de cette première indication.

Pour peu que l'on voulût juger de la vie passée de cet enfant par ses dispositions actuelles, on voyait évidemment qu'à l'instar de certains sauvages des pays chauds, celui-ci ne connaissait que ces quatre choses : dormir, manger, ne rien faire et courir les champs. Il fallut donc le rendre heureux à sa manière, en le couchant à la chute du jour, en lui fournissant abondamment des aliments de son goût, en respectant son indolence et en l'accompagnant dans ses promenades, ou plutôt dans ses courses en plein air, et cela quelque temps qu'il pût faire. Ces incursions champêtres paraissaient même lui être plus agréables quand il survenait dans l'atmosphère un changement brusque et violent : tant il est vrai que dans quelque condition qu'il soit, l'homme est avide de sensations nouvelles. Ainsi, par exemple, quand on observait celui-ci dans l'intérieur de sa chambre, on le voyait se balançant avec une monotonie fatigante, diriger constamment ses yeux vers la croisée, et les promener tristement dans le vague de l'air extérieur. Si alors un vent orageux venait à souffler, si le soleil caché derrière les nuages se montrait tout à coup éclairant plus vivement l'atmosphère, c'étaient de bruyants éclats de rire, une joie presque convulsive pendant laquelle toutes ses inflexions, dirigées d'arrière en avant, ressemblaient beaucoup à une sorte d'élan qu'il aurait voulu prendre pour franchir la croisée et se précipiter dans le jardin. Quelquefois, au lieu de ces mouvements joyeux, c'était une espèce de rage frénétique ; il se tordait les bras, s'appliquait les poings fermés sur les yeux, faisait entendre des grincements de dents et devenait dangereux pour ceux qui étaient auprès de lui.

Un matin qu'il tombait abondamment de la neige et qu'il était encore couché, il pousse un cri de joie en s'éveillant, quitte le lit, court à la fenêtre, puis à la porte, va, vient avec impatience de l'une à l'autre. s'échappe à moitié habillé, et gagne le jardin. Là, faisant éclater sa joie par les cris les plus perçants, il court, se roule dans la neige et la ramassant par poignées, s'en repaît avec une incroyable avidité.

Mais ce n'était pas toujours d'une manière aussi vive et aussi bruyante que se manifestaient ses sensations, à la vue de ces grands effets de la nature. Il est digne de remarquer que dans certains cas elles paraissaient emprunter l'expression calme du regret et de la mélancolie : conjecture bien hasardée, et bien opposée sans doute aux opinions des métaphysiciens, mais dont on ne pouvait se défendre quand on observait avec soin et dans quelques circonstances ce jeune infortuné. Ainsi, lorsque la rigueur du temps chassait tout le monde du jardin, c'était le moment qu'il choisissait pour y descendre. Il en faisait plusieurs fois le tour et finissait par s'asseoir sur le bord du bassin.

Je me suis souvent arrêté, pendant des heures entières, et avec un plaisir indicible, à l'examiner dans cette situation ; à voir comme tous ces mouvements spasmodiques et ce balancement continuel de tout son corps diminuaient, s'apaisaient par degrés, pour faire place à une attitude plus tranquille ; et comme insensiblement sa figure insignifiante ou grimacière prenait un caractère bien prononcé de tristesse ou de rêverie mélancolique, à mesure que ses yeux s'attachaient fixement sur la surface de l'eau, et qu'il y jetait lui-même de temps en temps quelques débris de feuilles desséchées. - Lorsque, pendant la nuit et par un beau clair de lune, les rayons de cet astre venaient à pénétrer dans sa chambre, il manquait rarement de s'éveiller et de se placer devant la fenêtre. Il restait là, selon le rapport de sa gouvernante, pendant une partie de la nuit, debout, immobile, le col tendu, les yeux fixés vers les campagnes éclairées par la lune, et livré à une sorte d'extase contemplative, dont le silence et l'immobilité n'étaient interrompus que par une inspiration très élevée, qui revenait à de longs intervalles et qu'accompagnait presque toujours un petit son plaintif. - Il eût été aussi inutile qu'inhumain de vouloir contrarier ces dernières habitudes, et il entrait même dans mes vues de les associer à sa nouvelle existence, pour la lui rendre plus agréable. Il n'en était pas ainsi de celles qui avaient le désavantage d'exercer continuellement son estomac et ses muscles, et de laisser par là sans action la sensibilité des nerfs et les facultés du cerveau. Aussi dus-je m'attacher, et parvins-je, à la fin, et par degrés, à rendre ses courses plus rares, ses repas moins copieux et moins fréquents, son séjour au lit beaucoup moins long et ses journées plus profitables à son instruction.

II

DEUXIÈME VUE. - *Réveiller la sensibilité nerveuse par les stimulants les plus énergiques, et quelquefois par les vives affections de l'âme.*

Quelques physiologistes modernes ont soupçonné que la sensibilité était en raison directe de la civilisation. Je ne crois pas que l'on en puisse donner une plus forte preuve que celle du peu de sensibilité des organes sensoriaux chez le *Sauvage de l'Aveyron.* On peut s'en convaincre en reportant les yeux sur la description que j'en ai déjà présentée, et dont j'ai puisé les faits à la source la moins suspecte. J'ajouterai ici, relativement au même sujet, quelques-unes de mes observations les plus marquantes.

Plusieurs fois, dans le cours de l'hiver, je l'ai vu, en traversant le jardin des Sourds-Muets, accroupi à demi nu sur un sol humide, rester ainsi exposé, pendant des heures entières, à un vent frais et pluvieux. Ce n'est pas seulement pour le froid, mais encore pour une vive chaleur que l'organe de la peau et du toucher ne témoignait aucune sensibilité ; il lui arrivait journellement quand il était auprès du feu et que les charbons ardents venaient à rouler hors de l'âtre, de les saisir avec les doigts et de les replacer sans trop de précipitation sur des tisons enflammés. On l'a surpris plus d'une fois à la cuisine, enlevant de la même manière des pommes de terre qui cuisaient dans l'eau bouillante ; et je puis assurer qu'il avait même en ce temps-là, un épiderme fin et velouté [1].

Je suis parvenu souvent à lui remplir de tabac les cavités extérieures du nez sans provoquer l'éternuement. Cela suppose qu'il n'existait entre l'organe et l'odorat, très exercé d'ailleurs, et ceux de la respiration et de la vue, aucun de ces rapports sympathiques qui font partie constituante de la sensibilité de nos sens, et qui dans ces cas-ci auraient déterminé l'éternuement ou la sécrétion des larmes. Ce dernier effet était encore moins subordonné aux affections tristes de l'âme, et malgré les contrariétés sans nombre, malgré les mauvais traitements auxquels l'avait exposé, dans les premiers mois, son nouveau genre de vie, jamais je ne l'avais surpris à verser

---

1 Je lui présentai, dit un observateur qui l'a vu à Saint-Sernin, une grande quantité de pommes de terre ; il se réjouit en les voyant, en prit dans ses mains et les jeta au feu. Il les en retira un instant après et les mangea toutes brûlantes.

Jean Itard

des pleurs. - L'oreille était de tous les sens celui qui paraissait le plus insensible. On a su cependant que le bruit d'une noix ou de tout autre corps comestible de son goût ne manquait jamais de le faire retourner. Cette observation est des plus vraies, et cependant ce même organe se montrait insensible aux bruits les plus forts et aux explosions des armes à feu. Je tirai près de lui un jour, deux coups de pistolet ; le premier parut un peu l'émouvoir, le second ne lui fit pas seulement tourner la tête.

Ainsi, en faisant abstraction de quelques cas tels que celui-ci, où le défaut d'attention de la part de l'âme pouvait simuler un manque de sensibilité dans l'organe, on trouvait néanmoins que cette propriété nerveuse était singulièrement faible dans la plupart des sens. En conséquence, il entrait dans mon plan de la développer par tous les moyens possibles, et de préparer l'esprit à l'attention en disposant les sens à recevoir des impressions plus vives. Des divers moyens que je mis en usage, l'effet de la chaleur me parut remplir le mieux cette indication. C'est une chose admise par les physiologistes [1] et les politiques [2] que les habitants du Midi ne doivent qu'à l'action de la chaleur sur la peau cette sensibilité exquise, si supérieure à celle des hommes du Nord. J'employai ce stimulus de toutes les manières. Ce n'était pas assez qu'il fût vêtu, couché et logé bien chaudement ; je lui fis donner tous les jours, et à une très haute température, un bain de deux ou trois heures, pendant lequel on lui administrait avec la même eau des douches fréquentes sur la tête. Je ne remarquai point que la chaleur et la fréquence des bains fussent suivies de cet effet débilitant qu'on leur attribue.

J'aurais même désiré que cela arrivât, bien persuadé qu'en pareil cas, la perte des forces musculaires tourne au profit de la sensibilité nerveuse. Au moins si cet effet subséquent n'eut point lieu, le premier ne trompa pas mon attente. Au bout de quelque temps notre jeune sauvage se montrait sensible à l'action du froid, se servait de la main pour reconnaître la température du bain, et refusait d'y entrer quand il n'était que médiocrement chaud. La même cause lui fit bientôt apprécier l'utilité des vêtements qu'il n'avait supportés jusque-là qu'avec beaucoup d'impatience. Cette

---

1 Lacose : *Idée de l'homme, physique et moral.* - Laroche : *Analyse des jonctions du système nerveux.* - Fouquet, article : *Sensibilité* de l'Encyclopédie par ordre alphabétique.
2 Montesquieu : *Esprit des Lois,* <u>Livre XIV.</u>

utilité une fois connue, il n'y avait qu'un pas à faire pour le forcer à s'habiller lui-même. On y parvint au bout de quelques jours, en le laissant chaque matin exposé au froid, à côté de ses habillements, jusqu'à ce qu'il sût lui-même s'en servir. Un expédient à peu près pareil suffit pour lui donner en même temps des habitudes de propreté ; au point que la certitude de passer la nuit dans un lit froid et humide l'accoutuma à se lever pour satisfaire à ses besoins. Je fis joindre à l'administration des bains l'usage des frictions sèches le long de l'épine vertébrale et même des chatouillements dans la région lombaire. Ce dernier moyen n'était pas un des moins excitants ; je me vis même contraint de le proscrire, quand ses effets ne se bornèrent plus à produire des mouvements de joie, mais parurent s'étendre encore aux organes de la génération, et menacer d'une direction fâcheuse les premiers mouvements d'une puberté déjà trop précoce.

À ces stimulants divers, je dus joindre encore ceux, non moins excitants, des affections de l'âme. Celles dont il était susceptible à cette époque se réduisaient à deux : la joie et la colère. Je ne provoquais celle-ci qu'à des distances éloignées, pour que l'accès en fût plus violent, et toujours avec une apparence bien évidente de justice. Je remarquais quelquefois alors que dans l'effort de son emportement, son intelligence semblait acquérir une sorte d'extension qui lui fournissait, pour le tirer d'affaire, quelque expédient ingénieux. Une fois que nous voulions lui faire prendre un bain qui n'était encore que médiocrement chaud, et que nos instances réitérées avaient violemment allumé sa colère, voyant que sa gouvernante était peu convaincue par les fréquentes épreuves qu'il faisait lui-même de la fraîcheur de l'eau avec le bout de ses doigts, il se retourna vers elle avec vivacité, se saisit de sa main et la lui plongea dans la baignoire.

Que je dise encore un trait de cette nature. Un jour qu'il était dans mon cabinet, assis sur une ottomane, je vins m'asseoir à ses côtés, et placer entre nous une bouteille de Leyde légèrement chargée. Une petite commotion qu'il en avait reçue la veille, lui en avait fait connaître l'effet. À voir l'inquiétude que lui causait l'approche de cet instrument, je crus qu'il allait l'éloigner en le saisissant par le crochet. Il prit un parti plus sage : ce fut de mettre ses mains dans l'ouverture de son gilet, et de se reculer de quelques pouces, de manière que sa cuisse ne touchât plus au revêtement extérieur de la bouteille. Je me rapprochai de nouveau, et la replaçai encore entre nous. Autre mouvement de sa part, autre disposition de la mienne. Ce petit manège continua jusqu'à ce que, rencoigné à l'extrémité de l'ottomane, se trouvant borné en arrière par la muraille, en avant par une table, et de mon côté par la fâcheuse machine, il ne lui fut plus possible d'exécuter un seul mouvement. C'est alors que saisissant le moment où j'avançais mon bras pour amener le sien, il m'abaissa très adroitement le poignet sur le crochet de la bouteille. J'en reçus la décharge.

Mais si quelquefois, malgré l'intérêt vif que m'inspirait ce jeune orphelin, je prenais sur moi d'exciter sa colère, je ne laissais passer aucune occasion de lui procurer de la joie : et certes il n'était besoin pour y réussir d'aucun moyen difficile ni coûteux. Un rayon de soleil, reçu sur un miroir réfléchi dans sa chambre et promené sur le plafond ; un verre d'eau que l'on faisait tomber goutte à goutte et d'une certaine hauteur, sur le bord de ses doigts, pendant qu'il était dans le bain ; alors aussi un peu de lait contenu dans une écuelle de bois que l'on plaçait à l'extrémité de sa baignoire, et que les oscillations de l'eau faisaient dériver peu à peu, au milieu des cris de joie, jusqu'à la portée de ses mains : voilà à peu près tout ce qu'il fallait pour récréer et réjouir souvent jusqu'à l'ivresse, cet enfant de la nature.

Tels furent, entre une foule d'autres, les stimulants tant physiques que moraux, avec lesquels je tâchai de développer la sensibilité de ses organes. J'en obtins, après trois mois, un excitement général de toutes les forces sensitives. Alors le toucher se montra sensible à l'impression des corps chauds ou des corps froids, unis ou raboteux, mous ou résistants. Je portais, en ce temps-là, un pantalon de velours sur lequel il semblait prendre plaisir à promener sa main. C'était avec cet organe explorateur qu'il s'assurait presque toujours du degré de cuisson de ses pommes de terre quand, les retirant du pot avec une cuiller, il y appliquait ses doigts à plusieurs reprises, et se décidait, d'après l'état de mollesse ou de résistance qu'elles présentaient, à les manger ou à les rejeter dans l'eau bouillante. Quand on lui donnait un flambeau à allumer avec du papier, il n'attendait pas toujours que le feu eût pris à la mèche, pour rejeter avec précipitation le papier dont la flamme était encore bien éloignée de ses doigts. Si on l'excitait à pousser ou à porter un corps, tant soit peu résistant ou pesant, il lui arrivait quelquefois de le laisser là, tout à coup, de regarder le bout de ses doigts qui n'étaient assurément ni meurtris ni blessés, et de poser doucement la main dans l'ouverture de son gilet. L'odorat avait aussi gagné à ce changement. La moindre irritation portée sur cet organe provoquait un éternuement ; et je jugeai, par la frayeur dont il fut saisi la première fois que cela arriva, que c'était pour lui une chose nouvelle. Il dut, de suite, se jeter sur son lit.

Le raffinement du sens du goût était encore plus marqué. Les aliments dont cet enfant se nourrissait peu de temps après son arrivée à Paris, étaient horriblement dégoûtants. Il les traînait dans tous les coins et les pétrissait avec ses mains, pleines d'ordures.

Mais à l'époque dont je parle, il lui arrivait souvent de rejeter avec humeur tout le contenu de son assiette, dès qu'il y tombait quelque substance étrangère ; et lorsqu'il avait cassé ses noix sous ses pieds, il les nettoyait avec tous les détails d'une propreté minutieuse.

Enfin les maladies, les maladies mêmes, ces témoins irrécusables et fâcheux de la sensibilité prédominante de l'homme civilisé, vinrent attester ici le développement de ce principe de vie. Vers les premiers jours du printemps, notre jeune sauvage eut un violent coryza, et quelques semaines après, deux affections catarrhales presque succédanées.

Néanmoins ces résultats ne s'étendirent pas à tous les organes. Ceux de la vue et de l'ouïe n'y participèrent point ; sans doute parce que ces deux sens, beaucoup moins simples que les autres, avaient besoin d'une éducation particulière et plus longue, ainsi qu'on le verra par la suite.

L'amélioration simultanée des trois sens, par suite des stimulants portés sur la peau, tandis que ces deux derniers étaient restés stationnaires, est un fait précieux, digne d'être présenté à l'attention des physiologistes. Il semble prouver, ce qui paraît d'ailleurs assez vraisemblable, que les sens du toucher, de l'odorat et du goût ne sont qu'une modification de l'organe de la peau ; tandis que ceux de l'ouïe et la vue, moins extérieurs, revêtus d'un appareil physique des plus compliqués. se trouvent assujettis à d'autres règles de perfectionnement, et doivent en quelque sorte, faire une classe

---

séparée.

III

TROISIÈME VUE. - *Étendre la sphère de ses idées en lui donnant des besoins nouveaux, et en multipliant ses rapports avec les êtres environnants.*

Si les progrès de cet enfant vers la civilisation, si mes succès pour les développements de son intelligence ont été jusqu'à présent si lents et si difficiles, je dois m'en prendre surtout aux obstacles sans nombre que j'ai rencontrés, pour remplir cette troisième vue. Je lui ai présenté successivement des jouets de toute espèce ; plus d'une fois, pendant des heures entières, je me suis efforcé de lui en faire connaître l'usage ; et j'ai vu, avec peine, que loin de captiver son attention, ces divers objets finissaient toujours par lui donner de l'impatience tellement qu'il en vint au point de les cacher, ou de les détruire, quand l'occasion s'en présentait. C'est ainsi qu'après avoir longtemps renfermé dans une chaise percée un jeu de quilles, qui lui avait attiré de notre part quelques importunités, il prit, un jour qu'il était seul dans sa chambre, le parti de les entasser dans le foyer, devant lequel on le trouva se chauffant avec gaieté à la flamme de ce feu de joie.

Cependant, je parvins quelquefois à l'attacher à quelques amusements qui avaient du rapport avec les besoins digestifs. En voici un par exemple, que je lui procurais souvent à la fin du repas, quand je le menais dîner en ville. Je disposais devant lui, sans aucun ordre symétrique et dans une position renversée, plusieurs petits gobelets d'argent, sous l'un desquels je plaçais un marron. Bien sûr d'avoir attiré son attention, je les soulevais l'un après l'autre, excepté celui qui renfermait le marron. Après lui avoir ainsi démontré qu'ils ne contenaient rien, et les avoir replacés dans le même ordre, je l'invitais par signes à chercher à son tour. Le premier gobelet sur lequel tombaient ses perquisitions était précisément celui sous lequel j'avais caché la petite récompense due à son attention. Jusque-là ce n'était qu'un faible effort de mémoire. Mais, insensiblement je rendais le jeu plus compliqué. Ainsi, après avoir par le même procédé, caché un autre marron, je changeais l'ordre de tous les gobelets, d'une manière lente pourtant afin que, dans cette inversion générale, il lui fût difficile de suivre des yeux et par l'attention celui qui renfermait le précieux dépôt. Je faisais plus, je chargeais le dessous de deux ou trois de ces gobelets et son attention quoique partagée entre ces trois objets, ne les suivait pas moins dans leurs changements respectifs en dirigeant vers eux ses premières perquisitions. Ce n'est pas tout encore ; car ce n'était pas là le seul but que je me proposais. Ce jugement n'était tout au plus qu'un calcul de gourmandise. Pour rendre son attention moins animale en quelque sorte, je supprimais de cet amusement tout ce qui avait du rapport avec ses goûts, et l'on ne mettait plus sous les gobelets que des objets non comestibles. Le résultat en était à peu près aussi satisfaisant ; et cet exercice ne présentait plus alors qu'un simple jeu de gobelets, non sans avantage pour provoquer de l'attention, du jugement et de la fixité dans ses regards.

À l'exception de ces sortes d'amusements qui, comme celui-là, se liaient à ses besoins, il ne m'a pas été possible de lui inspirer du goût pour ceux de son âge. Je suis presque certain que si je l'avais pu, j'en aurais retiré de grands succès ; et c'est une idée, pour l'intelligence de laquelle il faut qu'on se souvienne de l'influence puissante qu'ont sur les premiers développements de la pensée, les jeux de l'enfance, autant que les petites voluptés de l'organe du goût.

J'ai tout fait aussi pour réveiller ces dernières dispositions au moyen des friandises les plus convoitées par les enfants, et dont j'espérais me servir comme de nouveaux moyens de récompense, de punition, d'encouragement et d'instruction. Mais l'aversion qu'il témoigna pour toutes les substances sucrées et pour nos mets les plus délicats, fut insurmontable. Je crus devoir alors tenter l'usage de mets relevés comme propres à exciter un sens nécessairement émoussé par des aliments grossiers. Je n'y réussis pas mieux ; et je lui présentai en vain, dans les moments où il se trouvait pressé par la faim et la soif, des liqueurs fortes et des aliments épicés. Désespérant enfin de pouvoir lui inspirer de nouveaux goûts, je fis valoir le petit nombre de ceux auxquels il se trouvait borné, en les accompagnant de toutes les circonstances accessoires, qui pouvaient accroître le plaisir qu'il trouvait à s'y livrer. C'est dans cette intention que je l'ai souvent mené dîner en ville avec moi. Ces jours-là il y avait à table collection complète de tous ses mets les plus favoris. La première fois qu'il se trouva à pareille fête, ce furent des transports de joie qui allaient presque jusqu'à la frénésie. Sans doute il pensa qu'il ne souperait pas si bien qu'il venait de dîner ; car il ne tint pas à lui qu'il n'emportât le soir, en quittant la maison, un plat de lentilles qu'il avait dérobé à la cuisine. Je m'applaudis de cette première sortie. Je venais de lui procurer un plaisir ; je n'avais qu'à le répéter plusieurs fois pour lui donner un besoin ; c'est ce que j'effectuai. Je fis plus, j'eus soin de faire précéder ces sorties de certains préparatifs qu'il pût remarquer : c'était d'entrer chez lui vers les quatre heures, mon chapeau sur la tête, sa chemise ployée à la main. Bientôt ces dispositions devinrent pour lui le signal du départ. À peine paraissais-je que j'étais compris ; on s'habillait à la hâte, et l'on me suivait avec de grands témoignages de contentement. Je ne donne point ce fait comme preuve d'une intelligence supérieure ; et il n'est personne qui ne m'objecte que le chien le plus ordinaire en fait au moins autant. Mais en admettant cette égalité morale, on est obligé d'avouer un grand changement ; et ceux qui ont vu le *Sauvage de l'Aveyron* lors de son arrivée à Paris, savent qu'il était fort inférieur, sous le rapport du discernement, au plus intelligent de nos animaux domestiques.

Il m'était impossible, quand je l'emmenais avec moi, de le conduire dans les rues. Il m'aurait fallu aller au trot avec lui, ou user des violences les plus fatigantes pour le faire marcher au pas avec moi. Nous fûmes donc obligés de ne sortir qu'en voiture. Autre plaisir nouveau qu'il attachait de plus en plus à ses fréquentes sorties. En peu de temps ces jours-là ne furent plus seulement des jours de fête auxquels il se livrait avec la joie la plus vive ; ce furent de vrais besoins, dont la privation, quand on mettait entre eux un intervalle un peu plus long, le rendait triste, inquiet et capricieux.

Quel surcroît de plaisir encore, quand ces parties avaient lieu à la campagne. Je l'ai conduit il n'y a pas longtemps, dans la vallée de Montmorency, à la maison de campagne du citoyen Lachabeaussière. C'était un spectacle des plus curieux, et j'oserai dire des plus touchants, de voir la joie qui se peignait dans ses yeux, à la vue des coteaux et des bois de cette riante vallée : il semblait que les portières de la voiture ne pussent suffire à l'avidité de ses regards. Il se penchait tantôt vers l'une, tantôt vers l'autre, et témoignait la plus vive inquiétude quand les chevaux allaient plus lentement ou venaient à s'arrêter. Il passa deux jours à cette maison de campagne ; telle y fut l'influence des agents extérieurs de ces bois, de ces collines, dont il ne pouvait rassasier sa vue, qu'il parut plus que jamais impatient et sauvage et qu'au milieu des prévenances les plus assidues et des soins les plus attachants, il ne paraissait occupé que du désir de prendre la fuite. Entièrement captivé par cette idée dominante, qui absorbait toutes les facultés de son esprit et le sentiment même de ses besoins, il trouvait à peine le temps de manger, et se levant de table à chaque minute, il courait à la fenêtre, pour s'évader dans le parc si elle était ouverte ; ou, dans le cas contraire, pour contempler, du moins à travers les carreaux, tous ces objets vers lesquels l'entraînaient irrésistiblement des habitudes encore récentes, et peut-être même le souvenir d'une vie indépendante, heureuse et regrettée. Aussi pris-je la résolution de ne plus le soumettre à de pareilles épreuves. Mais pour ne pas le sevrer entièrement de ses goûts champêtres, on continua de le mener promener dans quelques jardins du voisinage dont les dispositions étroites et régulières n'ont rien de commun avec ces grands paysages dont se compose une nature agreste, et qui attachent si fortement l'homme sauvage aux lieux de son enfance. Ainsi Mme Guérin le conduit quelquefois au Luxembourg, et presque journellement au jardin de l'Observatoire, où les bontés du citoyen Lemeri l'ont habitué à aller tous les jours goûter avec du lait. Au moyen de ces nouvelles habitudes, de quelques récréations de son choix et de tous les bons traitements enfin dont on a environné sa nouvelle existence, il a fini par y prendre goût. De là est né cet attachement assez vif qu'il a pris pour sa gouvernante, et qu'il lui témoigne quelquefois de la manière la plus touchante. Ce n'est jamais sans peine qu'il s'en sépare, ni sans des preuves de contentement qu'il la rejoint.

Une fois, qu'il lui avait échappé dans les rues, il versa, en la revoyant, une grande abondance de larmes. Quelques heures après il avait encore la respiration haute, entrecoupée et le pouls dans une sorte d'état fébrile. Mme Guérin lui ayant alors adressé quelques reproches, il en traduisit si bien le ton, qu'il se remit à pleurer. L'amitié qu'il a pour moi est beaucoup plus faible et cela doit être ainsi. Les soins que prend de lui Mme Guérin sont tous de nature à être appréciés sur-le-champ ; et ceux que je lui donne ne sont pour lui d'aucune utilité sensible. Cette différence est si véritablement due à la cause que j'indique, que j'ai mes heures pour être bien reçu : ce sont celles que jamais je n'ai employées à son instruction. Que je me rende chez lui, par exemple, à l'entrée de la nuit, lorsqu'il vient de se coucher, son premier mouvement est de se mettre sur son séant pour que je l'embrasse, puis de m'attirer à lui en me saisissant le bras et me faisant asseoir sur son lit. Ordinairement alors il me prend la main, la porte sur ses yeux, sur son front, sur l'occiput, et me la tient avec la sienne assez longtemps appliquée sur ces parties. D'autres fois il se lève en riant aux éclats, et se place vis-à-vis de moi pour me caresser les genoux à sa manière, qui consiste à me les palper, à me les masser fortement dans tous les sens et pendant plusieurs minutes, et puis dans quelques cas d'y appliquer ses lèvres à deux ou trois reprises. On en dira ce qu'on voudra, mais j'avouerai que je me prête sans façon à tous ces enfantillages.

Peut-être serai-je entendu, si l'on se souvient de l'influence majeure qu'ont sur l'esprit de l'enfant ces complaisances inépuisables, ces petits riens officieux que la nature a mis dans le cœur d'une mère, qui font éclore les premiers sourires, et naître les premières joies de la vie

IV

QUATRIÈME VUE. - *Le conduire à l'usage de la parole, en déterminant l'exercice de l'imitation par la loi impérieuse de la nécessité.*

Si j'avais voulu ne produire que des résultats heureux, j'aurais supprimé de cet ouvrage cette quatrième vue, les moyens que j'ai mis en usage pour la remplir, et le peu de succès que j'en ai obtenu. Mais mon but est bien moins de donner l'histoire de mes soins que celle des premiers développements moraux du *Sauvage de l'Aveyron,* et je ne dois rien omettre de ce qui peut y avoir le moindre rapport. Je serai même obligé de présenter ici quelques idées théoriques, et j'espère qu'on me les pardonnera en voyant l'attention que j'ai eue de ne les appuyer que sur des faits, et reconnaissant la nécessité où je me trouve de répondre à ces éternelles objections.

Le sauvage parle-t-il ? S'il n'est pas sourd pourquoi ne parle-t-il pas ?

On conçoit aisément qu'au milieu des forêts et loin de la société de tout être pensant, le sens de l'ouïe de notre sauvage n'éprouvait d'autres impressions que celles que faisaient sur lui un petit nombre de bruits, et particulièrement ceux qui se liaient à ses besoins physiques. Ce n'était point là cet organe qui apprécie les sons, leur articulation et leurs combinaisons ; ce n'était qu'un simple moyen de conversation individuelle, qui avertissait de l'approche d'un animal dangereux, ou de la chute de quelque fruit sauvage. Voilà sans doute à quelles fonctions se bornait l'ouïe, si l'on en juge par le peu ou la nullité d'action qu'avaient sur cet organe, il y a un an, tous les sons et les bruits qui n'intéressaient pas les besoins de l'individu ; et par la sensibilité exquise que ce sens témoignait au contraire pour ceux qui y avaient quelque rapport. Quand on épluchait, à son insu et le plus doucement possible, un marron, une noix ; quand on touchait seulement à la clef de la porte qui le tenait captif, il ne manquait jamais de se retourner brusquement et d'accourir vers l'endroit d'où partait le bruit. Si l'organe de l'ouïe ne témoignait pas la même susceptibilité pour les sons de la voix, pour l'explosion même des armes à feu, c'est qu'il était nécessairement peu sensible et peu attentif à toute autre impression qu'à celle dont il s'était fait une longue et exclusive habitude [1]. On conçoit donc pourquoi

1 J'observerai, pour donner plus de force à cette assertion, qu'à mesure que l'homme s'éloigne de son enfance, l'exercice de ses sens devient de jour en jour moins universel. Dans le premier âge de sa vie, il veut tout voir, tout toucher, il porte à la bouche tous les corps qu'on lui présente ; le moindre bruit le fait tressaillir ; ses sens s'arrêtent sur tous les objets, même sur ceux qui n'ont aucun rapport connu avec ses besoins. A mesure qu'il s'éloigne de cette époque, qui est en quelque sorte celle de l'apprentissage des sens, les objets ne le frappent qu'autant qu'ils se rapportent à ses appétits, à ses habitudes ou à ses inclinations. Alors même il arrive souvent qu'il n'y a qu'un ou deux sens qui réveillent son attention. C'est un musicien prononcé qui, attentif à tout ce qu'il entend, est indifférent à tout ce qu'il voit. Ce sera si l'on veut, un minéralogiste et un botaniste exclusifs qui, dans un champ fertile en objets de leurs recherches, ne voient le premier que des minéraux, et le second que des productions végétales. Ce sera un mathématicien sans oreille, qui dira au sortir d'une pièce de Racine : qu'est-ce que tout cela prouve ? Si donc, après les premiers temps de l'enfance, l'attention ne se porte naturellement que sur les objets qui ont avec nos goûts des rapports connus ou pressentis, on conçoit pourquoi notre jeune sauvage, n'ayant qu'un petit nombre de besoins, ne devait exercer ses sens que sur un petit nombre d'objets. Voilà si je ne me trompe, la cause de cette inattention absolue qui frappait tout le monde lors de son arrivée à Paris, et qui dans le moment actuel a disparu presque complètement, parce qu'on lui a fait sentir la liaison qu'ont avec

l'oreille, très apte à percevoir certains bruits, même les plus légers, le doit être très peu à apprécier l'articulation des sons. D'ailleurs il ne suffit pas pour parler de percevoir le son de la voix ; il faut encore apprécier l'articulation de ce son ; deux opérations bien distinctes, et qui exigent, de la part de l'organe, des conditions différentes. Il suffit, pour la première, d'un certain degré de sensibilité du nerf acoustique ; il faut, pour la seconde, une modification spéciale de cette même sensibilité. On peut donc, avec des oreilles bien organisées et bien vivantes, ne pas saisir l'articulation des mots. On trouve parmi les crétins beaucoup de muets et qui pourtant ne sont pas sourds. Il y a parmi les élèves du citoyen Sicard, deux ou trois enfants qui entendent parfaitement le son de l'horloge, un claquement de mains, les tons les plus bas de la flûte et du violon, et qui cependant n'ont jamais pu imiter la prononciation d'un mot, quoique articulé très haut et très lentement. Ainsi l'on pourrait dire que la parole est une espèce de musique, à laquelle certaines oreilles, quoique bien constituées d'ailleurs, peuvent être insensibles. En sera-t-il de même de l'enfant dont il est question ? Je ne le pense pas, quoique mes espérances reposent sur un petit nombre de faits, il est vrai que mes tentatives à cet égard n'ont pas été plus nombreuses, et que longtemps embarrassé sur le parti que j'avais à prendre, je m'en suis tenu au rôle d'observateur. Voici donc ce que j'ai remarqué. Dans les quatre ou cinq premiers mois de son séjour à Paris, le *Sauvage de l'Aveyron* ne s'est montré sensible qu'aux différents bruits qui avaient avec lui les rapports que j'ai indiqués. Dans le courant de frimaire il a paru entendre la voix humaine, et lorsque dans le corridor qui avoisine sa chambre, deux personnes s'entretenaient à haute voix, il lui arrivait de s'approcher de la porte pour s'assurer si elle était bien fermée, et de rejeter sur elle une porte battante intérieure, avec l'attention de mettre le doigt sur le loquet pour en assurer encore mieux la fermeture. Je remarquai quelque temps après, qu'il distinguait la voix des sourds-muets, ou plutôt ce cri guttural qui leur échappe continuellement dans leurs jeux. Il semblait même reconnaître l'endroit d'où partait le son. Car s'il l'entendait en descendant l'escalier, il ne manquait jamais de remonter ou de descendre plus précipitamment, selon que ce cri partait d'en bas ou d'en haut. Je fis, au commencement de nivôse, une observation plus intéressante. Un jour qu'il était
lui tous les nouveaux objets qui l'environnent.

dans la cuisine occupé à faire cuire des pommes de terre, deux personnes se disputaient vivement derrière lui, sans qu'il parût y faire la moindre attention. Une troisième survint qui, se mêlant à la discussion, commençait toutes ses répliques par ces mots : *Oh ! c'est différent.* Je remarquais que toutes les fois que cette personne laissait échapper son exclamation favorite : *oh !* le *Sauvage de l'Aveyron* retournait vivement la tête. Je fis, le soir, à l'heure de son coucher, quelques expériences sur cette intonation, et j'en obtins à peu près les mêmes résultats. Je passai en revue toutes les autres intonations simples, connues sous le nom de voyelles, et sans aucun succès. Cette préférence pour l'*o* m'engagea à lui donner un nom qui se terminât par cette voyelle. Je fis choix de celui de Victor. Ce nom lui est resté, et quand on le prononce à haute voix, il manque rarement de tourner la tête ou d'accourir.

C'est peut-être encore pour la même raison, que par la suite il a compris la signification de la négation non, dont je me sers souvent pour le faire revenir de ses erreurs, quand il se trompe dans ses petits, exercices.

Au milieu de ces développements lents, mais sensibles, de l'organe de l'ouïe, la voix restait toujours muette, et refusait de rendre les sons articulés que l'oreille paraissait apprécier ; cependant les organes vocaux ne présentaient dans leur conformation extérieure aucune trace d'imperfection, et il n'y avait pas lieu d'en soupçonner dans leur organisation intérieure. Il est vrai que l'on voit à la partie supérieure et antérieure du col une cicatrice assez étendue, qui pourrait jeter quelque doute sur l'intégrité des parties subjacentes si l'on n'était rassuré par l'aspect de la cicatrice. Elle annonce à la vérité une plaie faite par un instrument tranchant ; mais à voir son apparence linéaire, on est porté à croire que la plaie n'était que tégumenteuse, et qu'elle se sera réunie d'emblée, ou comme l'on dit, par première indication. Il est à présumer qu'une main plus disposée que façonnée au crime, aura voulu attenter aux jours de cet enfant, et que, laissé pour mort dans les bois, il aura dû aux seuls secours de la nature la prompte guérison de sa plaie ; ce qui n'aurait pu s'effectuer aussi heureusement si les parties musculeuses et cartilagineuses de l'organe de la voix avaient été divisées. Ces considérations me conduisent à penser, lorsque l'oreille commença à percevoir quelques sons, que si la voix ne les répétait pas, il ne fallait point en accuser une lésion organique, mais la défaveur des circonstances. Le défaut total d'exercice rend nos organes inaptes à leurs fonctions, et si ceux déjà faits à leurs usages sont si puissamment affectés par cette inaction, que sera-ce de ceux qui croissent et se développent sans qu'aucun agent tende à les mettre en jeu ? Il faut dix-huit mois au moins d'une éducation soignée, pour que l'enfant bégaie quelques mots ; et l'on voudrait qu'un dur habitant des forêts, qui n'est dans la société que depuis quatorze ou quinze mois, dont il a passé cinq ou six parmi des sourds-muets, fût déjà en état de parler ! Non seulement cela ne doit pas être ; mais il faudra, pour parvenir à ce point important de son éducation, beaucoup plus de temps, beaucoup plus de peines qu'il n'en faut au moins précoce des enfants. Celui-ci ne sait rien, mais il possède à un degré éminent la susceptibilité de tout apprendre : penchant inné à l'imitation, flexibilité et sensibilité excessives de tous les organes ; mobilité perpétuelle de la langue ; consistance presque gélatineuse du larynx : tout, en un mot, tout concourt à produire chez lui ce gazouillement continuel, apprentissage involontaire de la voix que favorisent encore la toux, l'éternuement, les cris de cet âge, et même les pleurs, les pleurs qu'il faut considérer non seulement comme les indices d'une vive excitabilité, mais encore comme un mobile puissant, appliqué sans relâche et dans les temps les plus opportuns aux développements simultanés des organes de la respiration, de la voix et de la parole. Que l'on m'accorde ces grands avantages, et je réponds de leur résultat. Si l'on reconnaît avec moi que l'on ne doit plus y compter dans l'adolescence du jeune Victor, que l'on convienne aussi des ressources fécondes de la Nature, qui sait se créer de nouveaux moyens d'éducation quand des causes accidentelles viennent à le priver de ceux qu'elle avait primitivement disposés. Voici du moins quelques faits qui peuvent la faire espérer.

J'ai dit dans l'énoncé de cette 4e vue, que je me proposais de le conduire à l'usage de la parole, *en déterminant l'exercice de l'imitation par la loi impérieuse de la nécessité.* Convaincu, en effet, par les considérations émises dans ces deux derniers paragraphes, et par une autre non moins concluante que j'exposerai bientôt, qu'il ne fallait s'attendre qu'à un travail tardif de la part du larynx, je devais faire en sorte de l'activer par l'appât des objets nécessaires à ses besoins. J'avais lieu de croire que la voyelle *O* ayant été la première entendue, serait la première prononcée, et je trouvai fort heureux pour mon plan que cette simple prononciation fût, au moins quant au son, le signe d'un des besoins les plus ordinaires de cet enfant. Cependant, je ne pus tirer aucun parti de cette favorable coïncidence. En vain, dans les moments où sa soif était ardente, je tenais devant lui un vase rempli d'eau, en criant fréquemment *eau, eau* ; en donnant le vase à une personne qui prononçait le même mot à côté de lui, et le réclamant moi-même par ce moyen, le malheureux se tourmentait dans tous les sens, agitait ses bras autour du vase d'une manière presque convulsive, rendait une espèce de sifflement et n'articulait aucun son. Il y aurait eu de l'inhumanité d'insister davantage. Je changeai de sujet, sans cependant changer de méthode. Ce fut sur le mot *lait* que portèrent mes tentatives.

Le quatrième jour de ce second essai je réussis au gré de mes désirs, et j'entendis *Victor* prononcer distinctement, d'une manière un peu rude à la vérité, le mot *lait* qu'il répéta presque aussitôt. C'était la première fois qu'il sortait de sa bouche un son articulé, et je ne l'entendis pas sans la plus vive satisfaction.

Je fis néanmoins une réflexion qui diminua de beaucoup, à mes yeux, l'avantage de ce premier succès. Ce ne fut qu'au moment où, désespérant de réussir, je venais de verser le lait dans la tasse qu'il me présentait, que le mot lait lui échappa avec de grandes démonstrations de plaisir ; et ce ne fut encore qu'après que je lui en eus versé de nouveau en manière de récompense, qu'il le prononça pour la seconde fois. On voit pourquoi ce mode de résultat était loin de remplir mes intentions ; le mot prononcé, au lieu d'être le signe du besoin, n'était relativement au temps où il avait été articulé, qu'une vaine exclamation de joie. Si ce mot fut sorti de sa bouche avant la concession de la chose désirée, c'en était fait ; le véritable usage de la parole était saisi par *Victor* ; un point de communication s'établissait entre lui et moi, et les progrès les plus rapides découlaient de ce premier succès. Au lieu de tout cela, je ne venais d'obtenir qu'une expression, insignifiante pour lui et inutile pour nous, du plaisir qu'il ressentait. A la rigueur, c'était bien un signe vocal, le signe de la possession de la chose. Mais celui-là, je le répète, n'établissait aucun rapport entre nous ; il devait être bientôt négligé, par cela même qu'il était inutile aux besoins de l'individu, et soumis à une foule d'anomalies, comme le sentiment éphémère et variable dont il était devenu l'indice. Les résultats subséquents de cette fausse direction ont été tels que je les redoutais.

Ce n'était le plus souvent que dans la jouissance de la chose que le mot *lait* se faisait entendre. Quelquefois il lui arrivait de le prononcer avant, et d'autres fois peu de temps après, mais toujours sans intention. Je n'attache pas plus d'importance à la répétition spontanée qu'il en faisait, et qu'il en fait encore, dans le courant de la nuit quand il vient à s'éveiller. Après ce premier résultat, j'ai totalement renoncé à la méthode par laquelle je l'avais obtenu ; attendant le moment où les localités me permettront de lui en substituer une autre que je crois beaucoup plus efficace, j'abandonnai l'organe de la voix à l'influence de l'imitation qui, bien que faible, n'est pourtant pas éteinte, s'il faut en juger par quelques petits progrès ultérieurs et spontanés.

Le mot *lait* a été pour *Victor* la racine de deux autres monosyllabes *la* et *li*, auxquels certainement il attache encore moins de sens. Il a depuis peu modifié le dernier en y ajoutant un second *l*, et les prononçant toutes les deux comme le *gli* de la langue italienne. On l'entend fréquemment répéter *lli, lli*, avec une inflexion de voix qui n'est pas sans douceur. Il est étonnant que *l* mouillé, qui est pour les enfants une des syllabes des plus difficiles à prononcer, soit une des premières qu'il ait articulées. Je ne serais pas éloigné de croire qu'il y a dans ce pénible travail de la langue une sorte d'intention en faveur du nom de *Julie*, jeune demoiselle de onze à douze ans, qui vient passer les dimanches chez Mme Guérin, sa mère. Il est certain que ce jour-là les exclamations *lli, lli*, deviennent plus fréquentes, et se font même, au rapport de sa gouvernante, entendre pendant la nuit, dans les moments où l'on a lieu de croire qu'il dort profondément. On ne peut déterminer au juste la cause et la valeur de ce dernier fait. Il faut attendre que la puberté plus avancée nous ait fourni, pour le classer et pour en rendre compte, un plus grand nombre d'observations. La dernière acquisition de l'organe de la voix est un peu plus considérable, et composée de deux syllabes qui en valent bien trois par la manière dont il prononce la dernière.

C'est l'exclamation *Oh Dieu !* qu'il a prise de Mme Guérin, et qu'il laisse fréquemment échapper dans ses grandes joies. Il la prononce en supprimant l'*u* de Dieu, et en appuyant l'*i* comme s'il était

double ; de manière qu'on l'entend crier distinctement : *Oh Diie !
oh Diie !* L'*o* que l'on trouve dans cette dernière combinaison de
son, n'était pas nouveau pour lui, et j'étais parvenu quelque temps
auparavant à le lui faire prononcer.

Voilà, quant à l'organe de la voix, le point où nous en sommes. On
voit que toutes les voyelles, à l'exception de l'*u*, entrent déjà dans
le petit nombre de sons qu'il articule, et que l'on ne trouve que
les trois consonnes, *l*, *d* et *l* mouillé. Ces progrès sont assurément
bien faibles, si on les compare à ceux qu'exige le développement
complet de la voix humaine, mais ils m'ont paru suffisants pour
garantir la possibilité de ce développement. J'ai dit plus haut les
causes qui doivent nécessairement le rendre long et difficile. Il en
est encore une qui n'y contribuera pas moins, et que je ne dois
point passer sous silence. C'est la facilité qu'a notre jeune sauvage
d'exprimer autrement que par la parole le petit nombre de ses
besoins [1]. Chacune de ses volontés se manifeste par les signes les
plus expressifs, qui ont en quelque sorte, comme les nôtres, leurs
gradations et leur synonymie. L'heure de la promenade est-elle
arrivée, il se présente à diverses reprises devant la croisée et devant
la porte de sa chambre. S'il s'aperçoit alors que sa gouvernante
n'est point prête, il dispose devant elle tous les objets nécessaires
à sa toilette, et dans son .impatience il va même jusqu'à l'aider
à s'habiller. Cela fait, il descend le premier et tire lui-même le
cordon de la porte. Arrivé à l'Observatoire son premier soin est de
demander du lait ; ce qu'il fait en présentant une écuelle de bois,
qu'il n'oublie jamais, en sortant, de mettre dans sa poche, et dont
il se munit pour la première fois le lendemain d'un jour qu'il avait
cassé, dans la même maison et pour le même usage, une tasse de
porcelaine.

Là encore, pour rendre complets les plaisirs de ses soirées on a
depuis quelque temps la bonté de le voiturer dans une brouette.
Depuis lors, dès que l'envie lui en prend si personne ne se présente
pour le satisfaire, il rentre dans la maison, prend quelqu'un par
le bras, le conduit dans le jardin, et lui met entre les mains les
<u>branches de la </u>brouette, dans laquelle il se place aussitôt ; si on

1 Mes observations confirment encore sur ce point important l'opinion de Condillac
qui dit, en parlant de l'origine du langage des sens : " Le langage d'action, alors si
naturel, était un grand obstacle à surmonter ; pouvait-on l'abandonner pour un
autre dont on ne prévoyait pas les avantages et dont la difficulté se faisait sentir ? "

résiste à cette première invitation, il quitte le siège, revient aux branches de la brouette, la fait rouler quelques tours et vient s'y placer de nouveau, imaginant sans doute que si ses désirs ne sont pas remplis, ce n'est pas faute de les avoir clairement manifestés. S'agit-il de dîner ? ses intentions sont encore moins douteuses. Il met lui-même le couvert et présente à Mme Guérin les plats qu'elle doit descendre à la cuisine pour y prendre leurs aliments. Si c'est en ville qu'il dîne avec moi, toutes ses demandes s'adressent à la personne qui fait les honneurs de la table ; c'est toujours à elle qu'il se présente pour être servi. Si l'on fait semblant de ne pas l'entendre, il place son assiette à côté du mets qu'il dévore des yeux. Si cela ne produit rien, il prend une fourchette et en frappe deux ou trois coups sur le rebord du plat. Insiste-t-il encore ? Alors il ne garde plus de mesure ; il plonge une cuiller, ou même sa main dans le plat, et en un clin d'œil il le vide en entier dans son assiette. Il n'est guère moins expressif dans la manière de témoigner les affections de son âme et surtout l'impatience de l'ennui. Nombre de curieux savent comment, avec plus de franchise naturelle que de politesse, il les congédie lorsque, fatigué de la longueur de leurs visites, il présente à chacun d'eux, et sans méprise, leur canne, leurs gants et leur chapeau, les pousse doucement vers la porte qu'il referme impétueusement sur eux [1].

Pour compléter l'histoire de ce langage à pantomimes, il faut que je dise encore que Victor l'entend avec autant de facilité qu'il le parle.

Il suffit à Mme Guérin, pour l'envoyer quérir de l'eau, de lui montrer la cruche et de lui faire voir qu'elle est vide en donnant au vase une position renversée.

Un procédé analogue me suffit pour l'engager à me servir à boire quand nous dînons ensemble etc. Mais ce qu'il y a de plus étonnant dans la manière avec laquelle il se prête à ces moyens de

---

1 Il est digne de remarque que ce langage d'action est entièrement naturel et que dès les premiers jours de son entrée dans la société, il l'employait de la manière la plus expressive. " Quand il eut soif, dit le citoyen Constant-S. Estève qui l'a vu dans les commencements de cette époque intéressante, il porta ses regards à droite et à gauche ; ayant aperçu une cruche, il mit ma main dans la sienne et me conduisit vers la cruche, qu'il frappa de la main gauche pour me demander à boire. On apporta du vin qu'il dédaigna en témoignant de l'impatience sur le retard que je mettais à lui donner de l'eau. "

communication, c'est qu'il n'est besoin d'aucune leçon préliminaire, ni d'aucune convention réciproque pour se faire entendre. Je m'en convainquis un jour par une expérience des plus concluantes. Je choisis entre une foule d'autres, un objet pour lequel je m'assurai d'avance qu'il n'existait entre lui et sa gouvernante aucun signe indicateur.

Tel était, par exemple, le peigne dont on se servait pour lui, et que je voulus me faire apporter. J'aurais été bien trompé si en me hérissant les cheveux dans tous les sens, et lui présentant ainsi ma tête en désordre, je n'avais été compris. Je le fus en effet, et j'eus aussitôt entre les mains ce que je demandais. Beaucoup de personnes ne voient dans tous ces procédés que la façon de faire d'un animal ; pour moi, je l'avouerai, je crois y reconnaître dans toute sa simplicité le langage d'action, ce langage primitif de l'espèce humaine, originellement employé dans l'enfance des premières sociétés, avant que le travail de plusieurs siècles eût coordonné le système de la parole et fourni à l'homme civilisé un fécond et sublime moyen de perfectionnement, qui fait éclore sa pensée même dans son berceau, et dont il se sert toute la vie sans apprécier ce qu'il est par lui, et ce qu'il serait sans lui s'il s'en trouvait accidentellement privé, comme dans le cas qui nous occupe. Sans doute un jour viendra où des besoins plus multipliés feront sentir au jeune *Victor* la nécessité d'user de nouveaux signes. L'emploi défectueux qu'il a fait de ses premiers sons pourra bien retarder cette époque, mais non pas l'empêcher. Il n'en sera peut-être ni plus ni moins que ce qui arrive à l'enfant qui d'abord balbutie le mot *papa*, sans y attacher aucune idée, s'en va le disant dans tous les lieux et en toute autre occasion, le donne ensuite à tous les hommes qu'il voit, et ne parvient qu'après une foule de raisonnements et même d'abstractions à en faire une seule et juste application.

V

CINQUIÈME VUE. - *Exercer pendant quelque temps, sur les objets de ses besoins physiques, les plus simples opérations de l'esprit, et en déterminer ensuite l'application sur des objets d'instruction.*

Considéré dans sa plus tendre enfance et sous le rapport de

son entendement, l'homme ne paraît pas s'élever encore au-dessus des autres animaux. Toutes ses facultés intellectuelles sont rigoureusement circonscrites dans le cercle étroit de ses besoins physiques. C'est pour eux seuls que s'exercent les opérations de son esprit. Il faut alors que l'éducation s'en empare et les applique à son instruction, c'est-à-dire à un nouvel ordre de choses qui n'ont aucun rapport avec ses premiers besoins. De cette application découlent toutes ses connaissances, tous les progrès de son esprit, et les conceptions du génie le plus sublime. Quel que soit le degré de probabilité de cette idée, je ne la reproduis ici que comme le point de départ de la marche que j'ai suivie pour remplir cette dernière vue.

Je n'entrerai pas dans les détails des moyens mis en usage pour exercer les facultés intellectuelles du *Sauvage de l'Aveyron* sur les objets de ses appétits. Ces moyens n'étaient autre chose que des obstacles toujours croissants, toujours nouveaux mis entre lui et ses besoins, et qu'il ne pouvait surmonter sans exercer continuellement son attention, sa mémoire, son jugement et toutes les facultés de ses sens [1]. Ainsi se développèrent toutes les facultés qui devaient

---

1 Il n'est pas inutile de faire remarquer que je n'ai éprouvé aucune difficulté pour remplir ce premier but. Toutes les fois qu'il s'agit de ses besoins, son attention, sa mémoire et son intelligence semblent s'élever au-dessus de lui-même ; c'est une remarque qu'on a pu faire de tous les temps et qui, si on l'eut sérieusement approfondie, eût conduit à prévoir un avenir heureux. Je ne crains pas de dire que je regarde comme une grande preuve d'intelligence d'avoir pu apprendre au bout de six semaines de séjour dans la société, à préparer ses aliments avec tous les soins et les détails que nous a transmis le citoyen Bonnaterre. " Son occupation pendant son séjour à Rodez, dit ce naturaliste, consistait à écosser des haricots, et il remplissait cette tâche avec le degré de discernement dont serait susceptible l'homme le plus exercé. Comme il savait par expérience que ces sortes de légumes étaient destinés pour sa subsistance, aussitôt qu'on lui apportait une botte de tiges desséchées il allait chercher une marmite et établissait la scène de cette opération au milieu de l'appartement. Là, il distribuait ses matériaux le plus commodément possible. Le pot était placé à droite et les haricots à gauche ; il ouvrait successivement les gousses l'une après l'autre, avec une souplesse de doigts inimitable : il mettait dans le pot les bonnes graines et rejetait celles qui étaient moisies ou tachées ; si par hasard quelque graine lui échappait, il la suivait de l'œil, la ramassait et la mettait avec les autres. A mesure qu'il vidait les gousses, il les empilait à côté de lui avec symétrie, et lorsque son travail était fini, il enlevait le pot, y versait de l'eau et le portait auprès du feu dont il entretenait l'activité avec les gousses qu'il avait entassées séparément. Si le feu était éteint, il prenait la pelle qu'il déposait entre les mains de son surveillant, lui faisait signe d'en aller chercher dans le voisinage, etc. "

servir à son instruction, et il ne fallait plus que trouver les moyens les plus faciles de les faire valoir. Je devais peu compter encore sur les ressources du sens de l'ouïe ; et sous ce rapport le *Sauvage de l'Aveyron* n'était qu'un sourd-muet. Cette considération m'engagea à tenter la méthode du citoyen Sicard. Je commençai donc par les premiers procédés usités dans cette célèbre école, et dessinai sur une planche noire la figure linéaire de quelques objets dont un simple dessin pouvait le mieux représenter la forme ; tels qu'une clef, des ciseaux et un marteau. J'appliquai à diverses reprises et dans les moments où je voyais que j'étais observé, chacun de ces objets sur sa figure respective, et quand je fus assuré par là de lui en avoir fait sentir les rapports, je voulus me les faire apporter successivement en désignant du doigt la figure de celui que je demandais. Je n'en obtins rien, j'y revins plusieurs fois et toujours avec aussi peu de succès : ou il refusait avec entêtement d'apporter celle des trois choses que j'indiquais, ou bien il apportait avec celle-là les deux autres, et me les présentait toutes à la fois. Je me persuadai que cela tenait à un calcul de paresse, qui ne lui permettait pas de faire en détail ce qu'il trouvait tout simple d'exécuter en une seule fois. Je m'avisai alors d'un moyen qui le força à détailler son attention sur chacun de ces objets. J'avais observé, même depuis quelques mois, qu'il avait un goût des plus prononcés pour l'arrangement : c'était au point qu'il se levait quelquefois de son lit pour remettre dans sa place accoutumée un meuble ou un ustensile quelconque qui se trouvait accidentellement dérangé. Il poussait ce goût plus loin encore pour les choses suspendues à la muraille : chacune avait un clou et son crochet particulier ; et quand il s'était fait quelque transposition entre ces objets, il n'était pas tranquille qu'il ne l'eût réparée lui-même. Il n'y avait donc qu'à soumettre aux mêmes arrangements les choses sur lesquelles je voulais exercer son attention. Je suspendis, au moyen d'un clou, chacun des objets au bas de leur dessin et les y laissai quelque temps. Quand ensuite je vins à les enlever et à les donner à Victor, ils furent aussitôt replacés dans leur ordre convenable. Je recommençai plusieurs fois et toujours avec les mêmes résultats. J'étais loin cependant de les attribuer à son discernement ; et cette classification ne pouvait bien être qu'un acte de mémoire. Je changeai, pour m'assurer, la position respective des dessins, et je le vis alors, sans aucun égard

Jean Itard

pour cette transposition, suivre pour l'arrangement des objets, le même ordre qu'auparavant. A la vérité, rien n'était si facile que de lui apprendre la nouvelle classification nécessitée par ce nouveau changement ; mais rien de plus difficile que de la lui faire raisonner. Sa mémoire seule faisait les frais de chaque arrangement. Je m'attachai alors à neutraliser en quelque sorte les secours qu'il en retirait. J'y parvins en la fatiguant sans relâche par l'augmentation du nombre de dessins et par la fréquence de leurs inversions. Alors cette mémoire devint un guide insuffisant pour l'arrangement méthodique de tous ces corps nombreux ; alors l'esprit dut avoir recours à la comparaison du dessin avec la chose. Quel pas difficile je venais de franchir. Je n'en doutai point quand je vis notre jeune *Victor* attacher ses regards, et successivement, sur chacun des objets, en choisir un, et chercher ensuite la figure à laquelle il voulait le rapporter, et j'en eus bientôt la preuve matérielle par l'expérience de l'inversion méthodique des objets.

Ce résultat m'inspira les plus brillantes espérances ; je croyais n'avoir plus de difficultés à vaincre, quand il s'en présenta une des plus insurmontables, qui m'arrêta opiniâtrement et me força de renoncer à ma méthode. On sait que dans l'instruction du sourd-muet, on fait ordinairement succéder à ce premier procédé comparatif un second beaucoup plus difficile. Après avoir fait sentir, par des comparaisons répétées, le rapport de la chose avec son dessin, on place autour de celui-ci toutes les lettres qui forment le mot de l'objet représenté par la figure. Cela fait, on efface celle-ci, il ne reste plus que les signes alphabétiques. Le sourd-muet ne voit, dans ce second procédé, qu'un changement de dessin, qui continue d'être pour lui le signe de l'objet. Il n'en fut pas de même de *Victor* qui, malgré les répétitions les plus fréquentes, malgré l'exposition prolongée de la chose au-dessous de son mot, ne put jamais s'y reconnaître. Je n'eus pas de peine à me rendre compte de cette difficulté et il me fut aisé de comprendre pourquoi elle était insurmontable. De la figure d'un objet à sa représentation alphabétique, la distance est immense et d'autant plus grande pour l'élève qu'elle se présente là, aux premiers pas de l'instruction. Si les sourds-muets n'y sont pas arrêtés c'est qu'ils sont, de tous les enfants, les plus attentifs et les plus observateurs. Accoutumés dès leur plus tendre enfance à entendre et à parler par les yeux, ils sont, plus que personne, exercés à apprécier tous les rapports des objets visibles.

Il fallait donc chercher une méthode plus analogue aux facultés encore engourdies de notre sauvage, une méthode dans laquelle chaque difficulté vaincue l'élevât au niveau de la difficulté à vaincre. Ce fut dans cet esprit que je traçai mon nouveau plan. Je ne m'arrêterai pas à en faire l'analyse ; on en jugera par l'exécution.

Je collai sur une planche de deux pieds carrés trois morceaux de papier, de forme bien distincte et de couleur bien tranchée. C'était un plan circulaire et rouge, un autre triangulaire et bleu, le troisième de figure carrée et de couleur noire. Trois morceaux de carton, également colorés et figurés, furent, au moyen d'un trou dont ils étaient percés dans leur milieu, et des clous disposés à cet effet sur la planche, furent, dis-je, appliqués et laissés pendant quelques jours sur leurs modèles respectifs. Les ayant ensuite enlevés et présentés à *Victor*, ils furent replacés sans difficulté. Je m'assurai, en renversant le tableau et en changeant par là l'ordre des figures, que ces premiers résultats n'étaient point routiniers, mais dus à la comparaison. Au bout de quelques jours, je substituai un autre tableau à ce premier. J'y avais représenté les mêmes figures, mais toutes d'une couleur uniforme. Dans le premier, l'élève avait, pour se reconnaître, le double indice des formes et des couleurs ; dans le second il n'avait plus qu'un guide, la comparaison des formes. Presque en même temps je lui en présentai un troisième, où toutes les figures étaient égales, et toujours mêmes résultats, car je compte pour rien quelques fautes d'attention. La facilité avec laquelle s'exécutaient ces petites comparaisons, m'engagea à lui en présenter de nouvelles. Je fis des additions et des modifications aux deux derniers tableaux. J'ajoutai à celui des figures d'autres formes beaucoup moins distinctes, et à celui des couleurs, de nouvelles couleurs qui ne différaient entre elles que par des nuances. Il y avait, par exemple, dans le premier un parallélogramme un peu allongé à côté d'un carré, et dans le second un échantillon bleu céleste à côté d'un bleu grisâtre. Il se présenta ici quelques erreurs et quelques incertitudes, mais qui disparurent au bout de quelques jours d'exercice.

Ces résultats m'enhardirent à de nouveaux changements, toujours plus difficiles. Chaque jour j'ajoutais, je retranchais, je modifiais et provoquais de nouvelles comparaisons et de nouveaux jugements. A la longue, la multiplicité et les complications de ces petits exercices finirent par fatiguer son attention et sa docilité. Alors reparurent, dans toute leur intensité, ces mouvements d'impatience et de fureur qui éclataient si violemment au commencement de son séjour à Paris lorsque, surtout, il se trouvait enfermé dans sa chambre. N'importe, il me sembla que le moment était venu où il fallait ne plus apaiser ces mouvements par condescendance, mais les vaincre par énergie. Je crus donc devoir insister.

Ainsi quand, dégoûté d'un travail dont à la vérité il ne concevait pas le but, et dont il était bien naturel qu'il se lassât, il lui arrivait de prendre les morceaux de carton, de les jeter à terre avec dépit et de gagner son lit avec fureur, je laissais passer une ou deux minutes ; je revenais à la charge avec le plus de sang-froid possible ; je lui faisais ramasser tous ses cartons, éparpillés dans la chambre et ne lui donnais de répit qu'ils ne furent replacés convenablement.

Mon obstination ne réussit que quelques jours, et fut, à la fin, vaincue par ce caractère indépendant. Ses mouvements de colère devinrent plus fréquents, plus violents, et simulèrent des accès de rage semblables à ceux dont j'ai déjà parlé, mais avec cette différence frappante que les effets en étaient moins dirigés vers les personnes que vers les choses. Il s'en allait alors, dans cet esprit destructeur, mordant ses draps, les couvertures de son lit, la tablette de la cheminée, dispersant dans sa chambre les chenets, les cendres et les tisons enflammés, et finissant par tomber dans des convulsions qui avaient de commun avec celles de l'épilepsie une suspension complète des fonctions sensoriales. Force me fut de céder quand les choses en furent à ce point effrayant ; et néanmoins, ma condescendance ne fit qu'accroître le mal ; les accès en devinrent plus fréquents et susceptibles de se renouveler à la moindre contrariété, souvent même sans cause déterminante.

Mon embarras devint extrême. Je voyais le moment où tous mes soins n'auraient réussi qu'à faire de ce pauvre enfant, un malheureux épileptique. Encore quelques accès, et la force de l'habitude établissait une maladie des plus affreuses et des moins curables. Il fallait donc y remédier au plus tôt non par les médicaments, si souvent infructueux, non par la douceur, dont on n'avait plus rien à espérer ; mais par un procédé perturbateur, à peu près pareil à celui qu'avait employé Boerhaave dans l'hôpital de Harlem. Je me persuadai bien que si le premier moyen dont j'allais faire usage manquait son effet, le mal ne ferait que s'exaspérer, et que tout traitement de la même nature deviendrait inutile. Dans cette ferme conviction, je fis choix de celui que je crus être le plus effrayant pour un être qui ne connaissait encore, dans sa nouvelle existence, aucune espèce de danger.

Quelque temps auparavant, Mme Guérin étant avec lui à l'Observatoire, l'avait conduit sur la plate-forme qui est, comme l'on sait, très élevée. A peine est-il parvenu à quelque distance du parapet, que saisi d'effroi et d'un tremblement universel, il revient à sa gouvernante, le visage couvert de sueur, l'entraîne par le bras vers la porte, et ne trouve un peu de calme que lorsqu'il est au pied de l'escalier. Quelle pouvait être la cause d'un pareil effroi ? c'est ce que je ne recherchai point ; il me suffisait d'en connaître l'effet pour le faire servir à mes desseins. L'occasion se présenta bientôt, dans un accès des plus violents, que j'avais cru devoir provoquer par la reprise de nos exercices. Saisissant alors le moment où les fonctions des sens n'étaient point encore suspendues, j'ouvre avec violence la croisée de sa chambre, située au quatrième étage et donnant perpendiculairement sur de gros quartiers de pierre ; je m'approche de lui, avec toutes les apparences de la fureur, et le saisissant fortement par les hanches, je l'expose sur la fenêtre, la tête directement tournée vers le fond de ce précipice. Je l'en retirai quelques secondes après, pâle, couvert d'une sueur froide les yeux un peu larmoyants, et agité encore de quelques légers tressaillements que je crus appartenir aux effets de la peur. Je le conduisis vers ses tableaux. Je lui fis ramasser tous ses cartons, et j'exigeai qu'ils fussent tous replacés. Tout cela fut exécuté, à la vérité très lentement, et plutôt mal que bien ; mais au moins sans impatience. Ensuite il alla se jeter sur son lit où il pleura abondamment.

C'était la première fois, à ma connaissance du moins, qu'il versait des larmes. La circonstance dont j'ai déjà rendu compte, et dans laquelle le chagrin d'avoir quitté sa gouvernante ou le plaisir de la retrouver lui en fit répandre, est postérieure à celle-ci ; si je l'ai fait précéder dans ma narration, c'est que dans mon plan, j'ai moins suivi l'ordre des temps que l'exposition méthodique des faits.

Jean Itard

Cet étrange moyen fut suivi d'un succès, sinon complet, au moins suffisant. Si son dégoût pour le travail ne fut pas entièrement surmonté, au moins fut-il beaucoup diminué, sans être jamais suivi d'effets pareils à ceux dont nous venons de rendre compte.

Seulement, dans les occasions où on le fatiguait un peu trop, de même que lorsqu'on le forçait à travailler à des heures consacrées à ses sorties ou à ses repas, il se contentait de témoigner de l'ennui, de l'impatience, et de faire entendre un murmure plaintif qui finissait ordinairement par des pleurs.

Ce changement favorable nous permit de reprendre avec exactitude le cours de nos exercices, que je soumis à de nouvelles modifications propres à fixer encore plus son jugement. Je substituai aux figures collées sur les tableaux, et qui étaient, comme je l'ai déjà dit, des plans entiers représentant des figures géométriques, des dessins linéaires de ces mêmes plans. Je me contentai aussi d'indiquer les couleurs par de petits échantillons de forme irrégulière, et nullement analogues à celle des cartons colorés. Je puis dire que ces nouvelles difficultés ne furent qu'un jeu pour l'enfant ; résultat qui suffisait au but que je m'étais proposé en adoptant ce système de comparaisons grossières. Le moment était venu de le remplacer par un autre beaucoup plus instructif, et qui eût présenté des difficultés insurmontables, si elles n'avaient été aplanies d'avance par le succès des moyens que nous venions d'employer pour surmonter les premières.

Je fis imprimer en gros caractères, sur des morceaux de carton de deux pouces, les vingt-quatre lettres de l'alphabet. Je fis tailler, dans une planche d'un pied et demi carré, un nombre égal de cases, dans lesquelles je fis insérer les morceaux de carton, sans les y coller cependant, afin que l'on pût les changer de place au besoin. On construisit en métal, et dans les mêmes dimensions, un nombre égal de caractères. Ceux-ci étaient destinés à être comparés par l'élève aux lettres imprimées, et classées dans leurs cases correspondantes. Le premier essai de cette méthode fut fait. en mon absence, par Mme Guérin ; je fus fort surpris d'apprendre par elle, à mon retour, que *Victor* distinguait tous les caractères et les classait convenablement. L'épreuve en fut faite aussitôt et sans la moindre faute. Ravi d'un succès aussi rapide, j'étais loin encore de pouvoir en expliquer la cause ; et ce ne fut que quelques jours après qu'elle se présenta à moi dans la manière dont notre élève procédait à cette classification. Pour se la rendre plus facile, il s'était avisé lui-même d'un petit expédient qui le dispensait, dans ce travail, de mémoire, de comparaison et de jugement. Dès qu'on lui mettait le tableau entre les mains, il n'attendait pas qu'on enlevât de leurs cases les lettres métalliques ; il les retirait et les empilait sur sa main, en suivant l'ordre de leur classification ; de sorte que la dernière lettre de l'alphabet se trouvait, après les dépouillements complets du tableau, être la première de la pile, c'était aussi par celle-là qu'il commençait et par la dernière de la pile qu'il finissait, prenant conséquemment le tableau par la fin et procédant toujours de droite à gauche. Ce n'est pas tout : ce procédé était susceptible, pour lui, de perfectionnement ; car assez souvent la pile crevait, les caractères s'échappaient ; il fallait débrouiller tout cela, et le mettre en ordre par les seuls efforts de l'attention. Les vingt-quatre lettres se trouvaient disposées sur quatre rangs, de six chacun ; il était donc plus simple de ne les enlever que par rangées et de les replacer de même, de manière à ne passer au dépouillement de la seconde file que lorsque la première serait rétablie.

J'ignore s'il faisait le raisonnement que je lui prête ; au moins est-il sûr qu'il exécutait la chose comme je le dis. C'était donc une véritable routine, mais une routine de son invention et qui faisait peut-être autant d'honneur à son intelligence qu'une classification méthodique en fit bientôt à son discernement. Il ne fut pas difficile de le mettre sur cette voie, en lui donnant les caractères pêle-mêle, toutes les fois qu'on lui présentait le tableau. Enfin malgré les inversions fréquentes que je faisais subir aux caractères imprimés en les changeant de cases ; malgré quelques dispositions insidieuses données à ces caractères, comme de placer le G à côté du C, l'E à côté de l'F, etc., son discernement était imperturbable. En l'exerçant sur tous ces caractères, j'avais eu pour but de préparer *Victor* à les faire servir à leur usage, sans doute primitif, c'est-à-dire à l'expression des besoins que l'on ne peut manifester par la parole. Loin de croire que je fusse déjà si près de cette grande époque de son éducation ce fut un esprit de curiosité, plutôt que de l'espoir du succès, qui me suggéra l'expérience que voici :

Un matin qu'il attendait impatiemment le lait dont il fait journellement son déjeuner, je pris dans son tableau et disposai sur une planche, que j'avais préparée exprès, ces quatre lettres : L A I T. Mme Guérin, que j'avais prévenue, s'approche, regarde les caractères et me donne de suite une tasse pleine de lait, dont je fais semblant de vouloir disposer pour moi-même. Un moment après je m'approche de *Victor* : je lui donne les quatre lettres que je venais d'enlever de dessus la planche ; je la lui indique d'une main, tandis que de l'autre je lui présente le vase plein de lait. Les lettres furent aussitôt replacées, mais dans un ordre tout à fait inverse, de sorte qu'elles donnèrent T I A L au lieu de L A I T. J'indiquais alors les corrections à faire, en désignant du doigt les lettres à transposer et la place qu'il fallait donner à chacune : lorsque ces changements eurent reproduit le signe de la chose, je ne la fis plus attendre.

On aura de la peine à croire que cinq ou six épreuves pareilles aient suffi, je ne dis pas pour lui faire arranger méthodiquement les quatre lettres du mot lait, mais aussi, le dirai-je, pour lui donner l'idée du rapport qu'il y a entre le mot et la chose. C'est du moins ce que l'on est fortement autorisé à soupçonner, d'après ce qui lui arriva huit jours après cette première expérience. On le vit prêt à partir le soir pour l'Observatoire, se munir, de son propre mouvement, des quatre lettres en question ; les mettre dans sa poche, et à peine arrivé chez le citoyen Lemeri où, comme je l'ai dit plus haut, il va tous les jours goûter avec du lait, produire ces caractères sur une table, de manière à former le mot lait.

J'étais dans l'intention de récapituler ici tous les faits disséminés dans cet ouvrage ; mais j'ai pensé que quelque force qu'ils pussent acquérir par leur réunion elle n'équivaudrait jamais à celle de ce dernier résultat. Je le consigne, pour ainsi dire nu et dépouillé de toutes réflexions, pour qu'il puisse marquer d'une manière plus frappante l'époque où nous sommes parvenus, et devenir garant de celle où il nous faut arriver. En attendant, on peut toujours conclure de la plupart de mes observations, de celles surtout qu'on a puisées dans ces deux dernières Vues, que l'enfant, connu sous le nom de *Sauvage de l'Aveyron,* est doué du libre exercice de tous ses sens ; qu'il donne des preuves continuelles d'attention, de réminiscence, de mémoire ; qu'il peut comparer, discerner et juger, appliquer enfin toutes les facultés de son entendement à des objets relatifs à son instruction. On remarquera, comme un point essentiel, que ces changements heureux sont survenus dans le court espace de neuf mois, chez un sujet que l'on croyait incapable d'attention ; et l'on en conclura que son éducation est possible, si elle n'est pas même déjà garantie par ces premiers succès, indépendamment de ceux qu'on doit nécessairement espérer du temps qui, dans sa marche invariable, semble donner à l'enfance, en force et en développements, tout ce qu'il ôte à l'homme au déclin de la vie [1].

Et cependant, quelles conséquences majeures, relatives à l'histoire philosophique et naturelle de l'homme, découlent déjà de cette première série d'observations ! Qu'on les rassemble ! qu'on les classe avec méthode ; qu'on les réduise à leur juste valeur, et l'on y verra la preuve matérielle des plus importantes vérités, de ces vérités dont Locke et Condillac ne durent la découverte qu'à la force de leur génie et à la profondeur de leurs méditations. Il m'a paru du moins qu'on pourrait en déduire :

1) Que l'homme est inférieur à un grand nombre d'animaux dans le pur *état de nature* [2] ; état de nullité et de barbarie, qu'on a sans

---

1 C'est aux observateurs éclairés à venir s'assurer par eux-mêmes, de la vérité de ces résultats. Eux seuls peuvent juger de la valeur des faits, en apportant à leur examen un esprit judicieux et versé dans la science de l'entendement. L'appréciation de l'état moral de notre sauvage est plus difficile qu'on ne pense. L'expérience journalière et toutes les idées reçues sont là pour égarer le jugement. *Si l'habitude où nous sommes,* dit Condillac dans un cas assez analogue, *de nous aider des signes, nous permettait de remarquer tout ce que nous leur devons, nous n'aurions qu'à nous mettre à la place de ce jeune homme pour comprendre combien il pouvait acquérir peu de connaissances ; mais nous jugeons toujours d'après notre situation.* Il faut encore, pour juger sainement en cette circonstance, ne pas tenir l'enfant pour vu après un seul examen, mais l'observer et l'étudier à diverses reprises dans tous les moments de la journée, dans chacun de ses plaisirs, au milieu de ses petits exercices etc. ; toutes ces conditions sont de rigueur. Elles ne suffisent même pas si, pour établir une exacte comparaison entre le présent et le passé, l'on n'a vu de ses yeux le *Sauvage de l'Aveyron* dans les premiers mois de son séjour à Paris. Ceux qui ne l'ont point observé à cette époque et qui le verraient actuellement ne trouveraient en lui qu'un enfant *presque ordinaire,* qui ne parle point ; ils ne pourraient moralement apprécier la distance qui sépare ce sujet *presque ordinaire* du *Sauvage de l'Aveyron* nouvellement entré dans la société ; distance en apparence bien légère, mais véritablement immense, lorsqu'on l'approfondit, et qu'on calcule à travers quelle série de raisonnements nouveaux et d'idées acquises, il a dû parvenir à ces derniers résultats.
2 Je ne doute point que si l'on isolait, dès le premier âge, deux enfants l'un mâle, l'autre femelle et que l'on en fît autant de deux quadrupèdes choisis dans l'espèce la moins intelligente, ces derniers ne se montrassent de beaucoup supérieurs aux premiers dans les moyens de pourvoir à leurs besoins, et de veiller soit à leur propre conservation, soit à celle de leurs petits.

Jean Itard

fondement revêtu des couleurs les plus séduisantes ; état dans lequel l'individu, privé des facultés caractéristiques de son espèce, traîne misérablement, sans intelligence, comme sans affections, une vie précaire et réduite aux seules fonctions de l'animalité.

2) Que cette supériorité morale, que l'on dit être naturelle à l'homme, n'est que le résultat de la civilisation qui l'élève au-dessus des autres animaux par un grand et puissant mobile. Ce mobile est la sensibilité prédominante de son espèce ; propriété essentielle d'où découlent les facultés imitatives, et cette tendance continuelle qui le force à chercher dans de nouveaux besoins de nouvelles sensations.

3) Que cette force imitative destinée à l'éducation de ses organes, et surtout à l'apprentissage de la parole, très énergique et très active dans les premières années de la vie, s'affaiblit rapidement par les progrès de l'âge, l'isolement et toutes les causes qui tendent à émousser la sensibilité nerveuse ; d'où il résulte que l'articulation des sons qui est sans contredit de tous les effets de l'imitation le résultat le plus inconcevable et le plus utile, doit éprouver des obstacles sans nombre, dans un âge qui n'est plus celui de la première enfance.

4) Qu'il existe chez le sauvage le plus isolé, comme chez le citadin élevé au plus haut point de la civilisation, un rapport constant entre leurs idées et leurs besoins ; que la multiplicité toujours croissante de ceux-ci chez les peuples policés, doit être considérée comme un grand moyen de développement de l'esprit humain : de sorte qu'on peut établir comme proposition générale, que toutes les causes accidentelles, locales ou politiques, qui tendent à augmenter ou à diminuer le nombre de nos besoins, contribuent nécessairement à étendre ou à rétrécir la sphère de nos connaissances et le domaine de la science, des beaux-arts et de l'industrie sociale.

5) Que dans l'état actuel de nos connaissances physiologiques, la marche de l'enseignement peut et doit s'éclairer des lumières de la médecine moderne, qui de toutes les sciences naturelles, peut coopérer le plus puissamment au perfectionnement de l'espèce humaine, en appréciant les anomalies organiques et intellectuelles de chaque individu, et déterminant par là ce que l'éducation doit faire pour lui, ce que la société peut en attendre.

Il est encore quelques considérations non moins importantes, que je me proposais d'associer à ces premières données ; mais les développements qu'elles eussent exigés auraient outrepassé les bornes et le dessein de cet opuscule. Je me suis d'ailleurs aperçu, en comparant mes observations avec la doctrine de quelques-uns de nos métaphysiciens, que je me trouvais, sur certains points intéressants, en désaccord avec eux.

Je dois attendre, en conséquence, des faits plus nombreux, et par là même plus concluants. Un motif à peu près analogue ne m'a pas permis, en parlant de tous les développements du jeune *Victor*, de m'appesantir sur l'époque de sa puberté, qui s'est prononcée depuis quelques décades d'une manière presque explosive, et dont les premiers phénomènes jettent beaucoup de doute sur l'origine de certaines affections du cœur, que nous regardons comme très *naturelles*. J'ai dû, de même ici, ne pas me presser de juger et de conclure ; persuadé qu'on ne peut trop laisser mûrir par le temps, et confirmer par des observations ultérieures, toutes considérations qui tendent à détruire des préjugés, peut-être respectables, et les plus douces comme les plus consolantes illusions de la vie sociale.

RAPPORT
SUR LES NOUVEAUX
DÉVELOPPEMENTS
DE VICTOR DE L'AVEYRON

AVANT-PROPOS

À Son Excellence le Ministre de l'Intérieur

Monseigneur,

Vous parler du *Sauvage de l'Aveyron,* c'est reproduire un nom qui n'inspire plus maintenant aucune espèce d'intérêt ; c'est rappeler un être oublié par ceux qui n'ont fait que le voir, et dédaigné par ceux qui ont cru le juger. Pour moi, qui me suis borné jusqu'à présent à l'observer et à lui prodiguer mes soins, fort indifférent à l'oubli des uns et au dédain des autres ; étayé sur cinq années d'observations

Jean Itard

journalières, je viens faire à votre Excellence le rapport qu'elle attend de moi, lui raconter ce que j'ai vu et ce que j'ai fait ; exposer l'état actuel de ce jeune homme, les voies longues et difficiles par lesquelles il y a été conduit, et les obstacles qu'il a franchis, comme ceux qu'il n'a pu surmonter. Si tous ces détails, Monseigneur, vous paraissaient peu dignes de votre attention, et bien au-dessus de l'idée avantageuse que vous en aviez conçue, votre Excellence voudrait bien, pour mon excuse, être intimement persuadée que, sans l'ordre formel que j'ai reçu d'elle, j'eusse enveloppé d'un profond silence, et condamné à un éternel oubli, des travaux dont le résultat offre bien moins l'histoire des progrès de l'élève que celle des non-succès de l'instituteur. Mais en me jugeant aussi moi-même avec impartialité, je crois néanmoins qu'abstraction faite du but auquel je visais, dans la tâche que je me suis volontairement imposée, et considérant cette entreprise sous un point de vue plus général, vous ne verrez pas sans quelque satisfaction, Monseigneur, dans les diverses expériences que j'ai tentées, dans les nombreuses observations que j'ai recueillies une collection de faits propres à éclairer l'histoire de la philosophie médicale, l'étude de l'homme incivilisé, et la direction de certaines éducations privées.

Pour apprécier l'état actuel du jeune *Sauvage de l'Aveyron*, il serait nécessaire de rappeler son état passé. Ce jeune homme, pour être jugé sainement, ne doit être comparé qu'à lui-même.

Rapproché d'un adolescent du même âge, il n'est plus qu'un être disgracié, rebut de la nature, comme il le fut de la société. Mais si l'on se borne aux deux termes de comparaison qu'offrent l'état passé et l'état présent du jeune Victor, on est étonné de l'espace immense qui les sépare ; et l'on peut mettre en question, si Victor ne diffère pas plus du *Sauvage de l'Aveyron*, arrivant à Paris, qu'il ne diffère des autres individus de son âge et de son espèce.

Je ne vous retracerai pas, Monseigneur, le tableau hideux de cet homme-animal, tel qu'il était au sortir de ses forêts. Dans un opuscule que j'ai fait imprimer il y a quelques années, et dont j'ai l'honneur de vous offrir un exemplaire, j'ai dépeint cet être extraordinaire, d'après les traits mêmes que je puisai dans un rapport fait par un médecin célèbre à une société savante. Je rappellerai seulement ici que la commission dont ce médecin fut le rapporteur, après un long examen et des tentatives nombreuses, ne put parvenir à fixer un moment l'attention de cet enfant, et chercha en vain à démêler, dans ses actions et ses déterminations, quelque acte d'intelligence, ou quelque témoignage de sensibilité. Étranger à cette opération réfléchie qui est la première source de nos idées, il ne donnait de l'attention à aucun objet, parce qu'aucun objet ne faisait sur ses sens nulle impression durable. Ses yeux voyaient et ne regardaient point ; ses oreilles entendaient et n'écoutaient jamais ; et l'organe du toucher, restreint à l'opération mécanique de la préhension des corps, n'avait jamais été employé à en constater les formes et l'existence. Tel était enfin l'état des facultés physiques et morales de cet enfant, qu'il se trouvait placé non seulement au dernier rang de son espèce, mais encore au dernier échelon des animaux, et qu'on peut dire en quelque sorte qu'il ne différait d'une plante, qu'en ce qu'il avait de plus qu'elle, la faculté de se mouvoir et de crier. Entre cette existence moins qu'animale et l'état actuel du jeune Victor, il y a une différence prodigieuse, et qui paraîtrait bien plus tranchée si, supprimant tout intermédiaire, je me bornais à rapprocher vivement les deux termes de la comparaison. Mais persuadé qu'il s'agit bien moins de faire contraster ce tableau que de le rendre et fidèle et complet, j'apporterai tous mes soins à exposer succinctement les changements survenus dans l'état du jeune sauvage ; et pour mettre plus d'ordre et d'intérêt dans l'énumération des faits, je les rapporterai en trois séries distinctes, relatives au triple développement des fonctions des sens, des fonctions intellectuelles et des facultés affectives.

DÉVELOPPEMENT
DES FONCTIONS DES SENS

I. - On doit aux travaux de Locke et de Condillac, d'avoir apprécié l'influence puissante qu'a sur la formation et le développement de nos idées, l'action isolée et simultanée de nos sens. L'abus qu'on a fait de cette découverte n'en détruit ni la vérité ni les applications pratiques qu'on peut en faire à un système d'éducation médicale. C'est d'après ces principes que, lorsque j'eus rempli les vues principales que je m'étais d'abord proposées, et que j'ai exposées dans mon premier ouvrage, je mis tous mes soins à exercer et à développer séparément les organes des sens du jeune Victor.

Jean Itard

II. - Comme de tous nos sens l'ouïe est celui qui concourt le plus particulièrement au développement de nos facultés intellectuelles, je mis en jeu toutes les ressources imaginables pour tirer de leur long engourdissement les oreilles de notre sauvage. Je me persuadai que pour faire l'éducation de ce sens, il fallait en quelque sorte l'isoler, et que n'ayant à ma disposition, dans tout le système de son organisation, qu'une dose modique de sensibilité, je devais la concentrer sur le sens que je voulais mettre en jeu, en paralysant artificiellement celui de la vue par lequel se dépense la plus grande partie de cette sensibilité. En conséquence, je couvris d'un bandeau épais les yeux de Victor, et je fis retentir à ses oreilles les sons les plus forts et les plus dissemblables. Mon dessein n'était pas seulement de les lui faire entendre, mais encore de les lui faire écouter. Afin d'obtenir ce résultat, dès que j'avais rendu un son, j'engageais Victor à en produire un pareil, en faisant retentir le même corps sonore, et à frapper sur un autre dès que son oreille l'avertissait que je venais de changer d'instrument. Mes premiers essais eurent pour but de lui faire distinguer le son d'une cloche et celui d'un tambour, et de même qu'un an auparavant j'avais conduit Victor de la grossière comparaison de deux morceaux de carton, diversement colorés et figurés, à la distinction des lettres et des mots, j'avais tout lieu de croire que l'oreille, suivant la même progression d'attention que le sens de la vue, en viendrait bientôt à distinguer les sons les plus analogues, et les plus différents tons de l'organe vocal, ou la parole. Je m'attachai en conséquence à rendre les sons progressivement moins disparates, plus compliqués et plus rapprochés. Bientôt je ne me contentai pas d'exiger qu'il distinguât le son d'un tambour et celui d'une cloche, mais encore la différence de son que produisait le choc de la baguette, frappant ou sur la peau ou sur le cercle, ou sur le corps du tambour, sur le timbre d'une pendule, ou sur une pelle à feu très sonore.

III. - J'adoptai ensuite cette méthode comparative à la perception des sons d'un instrument à vent, qui plus analogues à ceux de la voix, formaient le dernier degré de l'échelle, au moyen de laquelle j'espérais conduire mon élève à l'audition des différentes intonations du larynx. Le succès répondit à mon attente ; et dès que je vins à frapper l'oreille de notre sauvage du son de ma voix, je trouvai l'ouïe sensible aux intonations les plus faibles.

IV. - Dans ces dernières expériences, je ne devais point exiger, comme dans les précédentes, que l'élève répétât les sons qu'il percevait. Ce double travail, en partageant son attention, eût été hors du plan que je m'étais proposé, qui était de faire séparément l'éducation de chacun de ses organes. Je me bornai donc à exiger la simple perception des sons. Pour être sûr de ce résultat, je plaçais mon élève vis-à-vis de moi, les yeux bandés, les poings fermés et je lui faisais étendre un doigt toutes les fois que je rendais un son. Ce moyen d'épreuve fut bientôt compris : à peine le son avait-il frappé l'oreille, que le doigt était levé avec une sorte d'impétuosité, et souvent même avec des démonstrations de joie, qui ne permettaient pas de douter du goût que l'élève prenait à ces bizarres leçons. En effet, soit qu'il trouvât un véritable plaisir à entendre le son de la voix humaine, soit qu'il eût enfin surmonté l'ennui d'être privé de la lumière pendant des heures entières, plus d'une fois je l'ai vu, dans l'intervalle de ces sortes d'exercices, venir à moi, son bandeau à la main, se l'appliquer sur les yeux et trépigner de joie lorsqu'il sentait mes mains le lui nouer fortement derrière la tête. Ce ne fut que dans ces dernières expériences que se manifestèrent ces témoignages de contentement. Je m'en applaudis d'abord ; et loin de les réprimer, je les excitais même, sans penser que je me préparais là à un obstacle qui allait bientôt interrompre la série de ces expériences utiles, et annuler des résultats si péniblement obtenus.

V. - Après m'être bien assuré, par le mode d'expérience que je viens d'indiquer, que tous les sons de la voix, quel que fût leur degré d'intensité, étaient perçus par Victor, je m'attachai à les lui faire comparer. Il ne s'agissait plus, ici, de compter simplement les sons de la voix, mais d'en saisir les différences, et d'apprécier toutes ces modifications et variétés de tons, dont se compose la musique de la parole. Entre ce travail et le précédent, il y avait une distance prodigieuse, pour un être dont le développement tenait à des efforts gradués, et qui ne marchait vers la civilisation que parce que je l'y conduisais par une route insensible. En abordant la difficulté qui se présentait ici, je m'armai plus que jamais de patience et de douceur encouragé d'ailleurs par l'espoir qu'une fois cet obstacle franchi, tout était fait pour le sens de l'ouïe. Nous débutâmes par la comparaison des voyelles, et nous fîmes encore servir la main à nous assurer du résultat de nos expériences. Chacun des cinq doigts fut désigné pour être le signe d'une de ces cinq voyelles et à en constater la perception distincte. Ainsi le pouce représentait l'A, et devait se lever dans la prononciation de cette voyelle ; l'index était le signe de l'E, le doigt du milieu celui de l'I, et ainsi de suite.

VI. - Ce ne fut pas sans peine et sans beaucoup de longueurs que je parvins à lui donner l'idée distincte des voyelles. La première qu'il distingua nettement fut l'O, ce fut ensuite la voyelle A. Les trois autres offrirent plus de difficultés, et furent pendant longtemps confondues entre elles ; à la fin cependant l'oreille commença à les percevoir distinctement, c'est alors que reparurent, dans toute leur vivacité, ces démonstrations de joie dont j'ai déjà parlé, et qu'avaient momentanément interrompues nos nouvelles expériences. Mais comme celles-ci exigeaient de la part de l'élève une attention bien plus soutenue, des comparaisons délicates, des jugements répétés, il arriva que ces accès de joie, qui jusqu'alors n'avaient fait qu'égayer nos leçons, vinrent à la fin les troubler. Dans ces moments, tous les sons étaient confondus, et les doigts indistinctement levés, souvent même tous à la fois, avec une impétuosité désordonnée et des éclats de rire vraiment impatientants. Pour réprimer cette gaieté importune, j'essayai de rendre l'usage de la vue à mon trop joyeux élève, et de poursuivre ainsi nos expériences, en l'intimidant par une figure sévère et même un peu menaçante. Dès lors plus de joie, mais en même temps distractions continuelles du sens de l'ouïe, en raison de l'occupation que fournissaient à celui de la vue tous les objets qui l'entouraient. Le moindre dérangement dans la disposition des meubles ou dans ses vêtements, le plus léger mouvement des personnes qui étaient autour de lui, un changement un peu brusque dans la lumière solaire, tout attirait ses regards, tout était, pour lui, le motif d'un déplacement.

Je reportai le bandeau sur les yeux et les éclats de rire recommencèrent. Je m'attachai alors à l'intimider par mes manières, puisque je ne pouvais pas le contenir par mes regards. Je m'armai d'une des baguettes de tambour qui servait à nos expériences, et lui en donnai de petits coups sur les doigts lorsqu'il se trompa. Il prit cette correction pour une plaisanterie, et sa joie n'en fut que plus bruyante. Je crus devoir, pour le détromper, rendre la correction un peu plus sensible. Je fus compris, et ce ne fut pas sans un mélange de peine et de plaisir que je vis dans la physionomie assombrie de ce jeune homme combien le sentiment de l'injure l'emportait sur la douleur du coup. Des pleurs sortirent de dessous son bandeau ; je me hâtai de l'enlever ; mais, soit embarras ou crainte, soit préoccupation profonde des sens intérieurs, quoique débarrassé de ce bandeau, il persista à tenir les yeux fermés. Je ne puis rendre l'expression douloureuse que donnaient à sa physionomie ses deux paupières ainsi rapprochées, à travers lesquelles s'échappaient de temps en temps quelques larmes. Oh ! combien dans ce moment, comme dans beaucoup d'autres, prêt à renoncer à la tâche que je m'étais imposée, et regardant comme perdu le temps que j'y donnais, ai-je regretté d'avoir connu cet enfant, et condamné hautement la stérile et inhumaine curiosité des hommes qui, les premiers, l'arrachèrent à une vie innocente et heureuse !

VII. - Cette scène mit fin à la bruyante gaieté de mon élève. Mais je n'eus pas lieu de m'applaudir de ce succès, et je n'avais paré à cet inconvénient que pour tomber dans un autre. Un sentiment de crainte prit la place de cette gaieté folle, et nos exercices en furent plus troublés encore. Lorsque j'avais émis un son, il me fallait attendre plus d'un quart d'heure le signal convenu ; et lors même qu'il était fait avec justesse, c'était avec lenteur, avec une incertitude telle que si, par hasard, je venais à faire le moindre bruit, ou le plus léger mouvement, Victor effarouché refermait subitement le doigt, dans la crainte de s'être mépris, et en levait un autre avec la même lenteur et la même circonspection. Je ne désespérais point encore, et je me flattai que le temps, beaucoup de douceur et des manières encourageantes pourraient dissiper cette fâcheuse et excessive timidité. Je l'espérai en vain, et tout fut inutile. Ainsi s'évanouirent les brillantes espérances fondées, avec quelque raison peut-être, sur une chaîne non interrompue d'expériences utiles autant qu'intéressantes. Plusieurs fois depuis ce temps-là et à des époques très éloignées, j'ai tenté les mêmes épreuves, et je me suis vu forcé d'y renoncer de nouveau, arrêté par le même obstacle.

VIII. - Néanmoins cette série d'expériences faites sur le sens de l'ouïe n'a pas été tout à fait inutile. Victor lui est redevable d'entendre distinctement quelques mots d'une seule syllabe et de distinguer surtout avec beaucoup de précision, parmi les différentes intonations du langage, celles qui sont l'expression du reproche, de la colère, de la tristesse, du mépris, de l'amitié ; alors même que ces divers mouvements de l'âme ne sont accompagnés d'aucun jeu de la physionomie, ni de ces pantomimes naturelles qui en constituent le caractère extérieur.

IX. - Affligé plutôt que découragé du peu de succès obtenu sur le sens de l'ouïe, je me déterminai à donner tous mes soins à celui de la vue. Mes premiers travaux l'avaient déjà beaucoup amélioré, et avaient tellement contribué à lui donner de la fixité et de l'attention, qu'à l'époque de mon premier rapport, mon élève était déjà parvenu à distinguer des lettres en métal et à les placer dans un ordre convenable pour en former quelques mots. De ce point-là à la perception distincte des signes écrits et au mécanisme de leur écriture, il y avait bien loin encore ; mais heureusement toutes ces difficultés passèrent sur le même plan ; aussi furent-elles facilement surmontées. Au bout de quelques mois, mon élève savait lire et écrire passablement une série de mots dont plusieurs différaient assez peu entre eux pour être distingués par un œil attentif. Mais cette lecture était toute intuitive ; Victor lisait les mots sans les prononcer, sans en connaître la signification. Pour peu que l'on fasse attention à ce mode de lecture, le seul qui fût praticable envers un être de cette nature, on ne manquera pas de me demander comment j'étais sûr que des mots non prononcés, et auxquels il n'attachait aucun sens étaient lus assez distinctement pour ne pas être confondus les uns avec les autres. Rien de si simple que le procédé que j'employais pour en avoir la certitude. Tous les mots soumis à la lecture étaient également écrits sur deux tableaux ; j'en prenais un et faisais tenir l'autre à Victor ; puis, parcourant successivement, avec le bout du doigt, tous les mots contenus dans celui des deux tableaux que j'avais entre mes mains, j'exigeais qu'il me montrât dans l'autre tableau le double de chaque mot que je lui désignais. J'avais eu soin de suivre un ordre tout à fait différent dans l'arrangement de ces mots, de telle sorte que la place que l'un d'eux occupait dans un tableau, ne donnât aucun indice de celle que son pareil tenait dans l'autre. De là, la nécessité d'étudier en quelque sorte la physionomie particulière de tous ces signes pour les reconnaître du premier coup d'œil.

X. - Lorsque l'élève, trompé par l'apparence d'un mot, le désignait à la place d'un autre, je lui faisais rectifier son erreur, sans la lui indiquer, mais seulement en l'engageant à épeler. Épeler était pour nous comparer intuitivement, et l'une après l'autre, toutes les lettres qui entrent dans la composition de deux mots. Cet examen véritablement analytique se faisait d'une manière très rapide ; je touchais, avec l'extrémité d'un poinçon, la première lettre de l'autre mot ; nous passions de même à la seconde ; et nous continuions ainsi jusqu'à ce que Victor, cherchant toujours à trouver dans son mot les lettres que je lui montrais dans le mien, parvint à rencontrer celle qui commençait à établir la différence des deux mots.

XI. - Bientôt il ne fut plus nécessaire de recourir à un examen aussi détaillé pour lui faire rectifier ses méprises. Il me suffisait alors de fixer un instant ses yeux sur le mot qu'il prenait pour un autre, pour lui en faire sentir la différence ; et je puis dire que l'erreur était réparée presque aussitôt qu'indiquée. Ainsi fut exercé et perfectionné ce sens important, dont l'insignifiante mobilité avait fait échouer les premières tentatives qu'on avait faites pour les fixer, et fait naître les premiers soupçons d'idiotisme.

XII. - Ayant ainsi terminé l'éducation du sens de la vue, je m'occupai de celle du toucher. Quoique éloigné de partager l'opinion de Buffon et de Condillac sur le rôle important qu'ils font jouer à ce sens, je ne regardais pas comme perdus les soins que je pouvais donner au toucher, ni sans intérêt les observations que pouvait me fournir le développement de ce sens. On a vu, dans mon premier mémoire, que cet organe, primitivement borné à la préhension mécanique des corps, avait dû à l'effet puissant des bains chauds le recouvrement de quelques-unes de ses facultés, celle entre autres de percevoir le froid et le chaud, le rude et le poli des corps. Mais si l'on fait attention à la nature de ces deux espèces de sensations, on verra qu'elles sont communes à la peau qui recouvre toutes nos parties. L'organe du toucher n'ayant fait que recevoir sa part de la sensibilité que j'avais réveillée dans tout le système cutané, ne percevait jusque-là que comme une portion de ce système, puisqu'il n'en différait par aucune fonction qui lui fût particulière.

XIII. - Mes premières expériences confirmèrent la justesse de cet aperçu. Je mis au fond d'un vase opaque, dont l'embouchure pouvait à peine permettre l'introduction du bras, des marrons cuits encore chauds, et des marrons de la même grosseur, à peu près, mais crus et froids. Une des mains de mon élève était dans le vase, et l'autre dehors, ouverte sur ses genoux. Je mis sur celle-ci un marron chaud, et demandai à Victor de m'en retirer un du fond du vase ; il me l'amena en effet. Je lui en présentai un froid ; celui qu'il retira de l'intérieur du vase le fut aussi. Je répétai plusieurs fois cette expérience, et toujours avec le même succès. Il n'en fut pas de même, lorsque au lieu de faire comparer à l'élève la température des corps, je voulus, par le même moyen d'exploration, le faire juger de leur configuration. Là commençaient les fonctions exclusives du tact, et ce sens était encore neuf. Je mis dans le vase des châtaignes et des glands, et lorsqu'en présentant l'un ou l'autre de ces fruits à Victor, je voulus exiger de lui qu'il m'en amenât un pareil du fond du vase, ce fut un gland pour une châtaigne ou une châtaigne pour un gland. Il fallait donc mettre ce sens, comme tous les autres, dans l'exercice de ses fonctions, et y procéder dans le même ordre. A cet effet, je l'exerçai à comparer des corps très disparates entre eux, non seulement par leur forme, mais encore par leur volume, comme une pierre et un marron, un sou et une clef. Ce ne fut pas sans peine que je réussis à faire distinguer ces objets par le tact. Dès qu'ils cessèrent d'être confondus, je les remplaçai par d'autres moins dissemblables, comme une pomme, une noix et de petits cailloux. Je soumis ensuite à cet examen manuel les marrons et les glands, et cette comparaison ne fut plus qu'un jeu pour l'élève. J'en vins au point de lui faire distinguer, de la même manière, les lettres en métal, les plus analogues par formes, telles que le B et l'R, l'I et le J, le C et le G.

XIV. - Cette espèce d'exercice dont je ne m'étais pas promis, ainsi que je l'ai déjà dit, beaucoup de succès, ne contribua pas peu néanmoins à augmenter la susceptibilité d'attention de notre élève ; j'ai eu l'occasion dans la suite de voir sa faible intelligence aux prises avec des difficultés bien plus embarrassantes, et jamais je ne l'ai vu prendre cet air sérieux, calme et méditatif, qui se répandait sur tous les traits de sa physionomie, lorsqu'il s'agissait de décider de la différence de forme des corps soumis à l'examen du toucher.

XV. - Restait à m'occuper des sens du goût et de l'odorat. Ce dernier était d'une délicatesse qui le mettait au-dessus de tout perfectionnement. On sait que longtemps après son entrée dans la société, ce jeune sauvage conservait encore l'habitude de flairer tout ce qu'on lui présentait, et même les corps que nous regardons comme inodores. Dans la promenade à la campagne que je faisais souvent avec lui, pendant les premiers mois de son séjour à Paris, je l'ai vu maintes fois s'arrêter, se détourner même, pour ramasser des cailloux, des morceaux de bois desséchés, qu'il ne rejetait qu'après les avoir portés à son nez, et souvent avec le témoignage d'une très grande satisfaction. Un soir qu'il s'était égaré dans la rue d'Enfer et qu'il ne fut retrouvé qu'à la tombée de la nuit par sa gouvernante, ce ne fut qu'après lui avoir flairé les mains et les bras par deux ou trois reprises, qu'il se décida à la suivre, et qu'il laissa éclater la joie qu'il éprouvait de l'avoir retrouvée. La civilisation ne pouvait donc rien ajouter à la délicatesse de l'odorat. Beaucoup plus lié d'ailleurs à l'exercice des fonctions digestives qu'au développement des facultés intellectuelles, il se trouvait pour cette raison hors de mon plan d'instruction. - Il semble que, rattaché en général aux mêmes usages, le sens du goût, comme celui de l'odorat, devait être égale-ment étranger à mon but. Je ne le pensais point ainsi considérant le sens du goût, non sous le point de vue des fonctions très limitées que lui a assignées la nature, mais sous le rapport des jouissances aussi variées que nombreuses dont la civilisation l'a rendu l'organe, il dut me paraître avantageux de le développer, ou plutôt de le pervertir. Je crois inutile d'énumérer ici tous les expédients auxquels j'eus recours pour atteindre à ce but, et au moyen desquels je parvins, en très peu de temps, à éveiller le goût de notre sauvage pour une foule de mets qu'il avait jusqu'alors constamment dédaignés. Néanmoins au milieu des nouvelles acquisitions de ce sens, Victor ne témoigna aucune de ces préférences avides qui constituent la gourmandise. Bien différent de ces hommes qu'on a nommés sauvages, et qui dans un demi-degré de civilisation présentent tous les vices des grandes sociétés, sans en offrir les avantages, Victor, en s'habituant à de nouveaux mets, est resté indifférent à la boisson des liqueurs fortes, et cette indifférence s'est changée en aversion, à la suite d'une méprise dont l'effet et les circonstances méritent peut-être d'être rapportés. Victor dînait avec moi en ville. A la fin du repas, il prit de son propre mouvement une carafe qui contenait une liqueur des plus fortes, mais qui, n'ayant ni couleur ni odeur, ressemblait parfaitement à de l'eau. Notre sauvage la prit pour elle et s'en versa un demi-verre, et pressé sans doute par la soif, en avala brusquement près de la moitié, avant que l'ardeur produite dans l'estomac par ce liquide l'avertît de la méprise. Mais, rejetant tout à coup le verre et la liqueur, il se lève furieux, ne fait qu'un saut de sa place à la porte de la chambre, et se met à hurler et à courir dans les corridors et l'escalier de la maison, revenant sans cesse sur ses pas, pour recommencer le même circuit ; semblable à un animal profondément blessé, qui cherche dans la rapidité de sa course, non pas comme le disent les poètes, à fuir le trait qui le déchire, mais à distraire, par de grands mouvements, une douleur, au soulagement de laquelle il ne peut appeler, comme l'homme, une main bienfaisante.

XVI. - Cependant malgré son aversion pour les liqueurs, Victor a pris quelque goût pour le vin, sans qu'il paraisse néanmoins en sentir vivement la privation quand on ne lui en donne pas. Je crois même qu'il a toujours conservé pour l'eau une préférence marquée. La manière dont il la boit semble annoncer qu'il y trouve un plaisir des plus vifs, mais qui tient sans doute à quelque autre cause qu'aux jouissances de l'organe du goût. Presque toujours à la fin de son dîner, alors même qu'il n'est plus pressé par la soif, on le voit avec l'air d'un gourmet qui apprête son verre pour une liqueur exquise, remplir le sien d'eau pure, la prendre par gorgée et l'avaler goutte à goutte. Mais ce qui ajoute beaucoup d'intérêt à cette scène, c'est le lieu où elle se passe. C'est près de la fenêtre, debout, les yeux tournés vers la campagne, que vient se placer notre buveur comme si dans ce moment de délectation cet enfant de la nature cherchait à réunir les deux uniques biens qui aient survécu à la perte de sa liberté, la boisson d'une eau limpide et la vue du soleil et de la campagne.

XVII. - Ainsi s'opéra le perfectionnement des sens. Tous, à l'exception de celui de l'ouïe, sortant de leur longue habitude, s'ouvrirent à des perceptions nouvelles, et portèrent dans l'âme du jeune sauvage une foule d'idées jusqu'alors inconnues. Mais ces idées ne laissaient dans son cerveau qu'une trace fugitive ; pour les y fixer, il fallait y graver leurs signes respectifs ou, pour mieux dire, la valeur de ces signes. Victor les connaissait déjà, parce que j'avais fait marcher de front la perception des objets et de leurs qualités sensibles avec la lecture des mots qui les représentaient, sans chercher néanmoins à en déterminer le sens. Victor, instruit à distinguer par le toucher un corps rond d'avec un corps aplati ; par les yeux du papier rouge d'avec du papier blanc ; par le goût, une liqueur acide d'une liqueur douce, avait en même temps appris à distinguer les uns des autres, les noms qui expriment ces différentes perceptions, mais sans connaître la valeur représentative de ces signes. Cette connaissance n'étant plus du domaine des sens externes, il fallait recourir aux facultés de l'esprit, et lui demander compte, si je puis m'exprimer ainsi, des idées que lui avaient fournies ces sens. C'est ce qui devint l'objet d'une nouvelle branche d'expériences qui sont la matière de la série suivante.

DÉVELOPPEMENT
DES FONCTIONS INTELLECTUELLES

XVIII. - Quoique présentés à part, les faits dont se compose la série que nous venons de parcourir, se lient, sous beaucoup de rapports, à ceux qui vont faire la matière de celle-ci. Car telle est, Monseigneur, la connexion intime qui unit l'homme physique à l'homme intellectuel que, quoique leurs domaines respectifs paraissent et soient en effet très distincts, tout se confond dans les limites par lesquelles s'entre-touchent ces deux ordres de fonctions. Leur développement est simultané, et leur influence réciproque. Ainsi pendant que je bornais mes efforts à mettre en exercice les sens de notre sauvage, l'esprit prenait sa part des soins exclusivement donnés à l'éducation de ses organes, et suivait le même ordre de développement. On conçoit en effet qu'en instruisant les sens à percevoir et à distinguer de nouveaux objets, je forçais l'attention à s'y arrêter, le jugement à les comparer, et la mémoire à les retenir. Ainsi rien n'était indifférent dans ces exercices ; tout allait à l'esprit ; tout mettait en jeu les facultés de l'intelligence et les préparait au grand œuvre de la communication des idées. Déjà je m'étais assuré qu'elle était possible, en obtenant de l'élève qu'il désignât l'objet de ses besoins au moyen de lettres arrangées de manière à donner le mot de la chose qu'il désirait. J'ai rendu compte, dans mon opuscule sur cet enfant, de ce premier pas fait dans la connaissance des signes écrits ; et je n'ai pas craint de le signaler comme une époque importante de son éducation, comme le succès le plus doux et le plus brillant qu'on ait jamais obtenu sur un être tombé, comme celui-ci, dans le dernier degré de l'abrutissement. Mais des observations subséquentes, en m'éclairant sur la nature de ce résultat, vinrent bientôt affaiblir les espérances que j'en avais conçues. Je remarquai que Victor au lieu de reproduire certains mots avec lesquels je l'avais familiarisé, pour demander les objets qu'ils exprimaient et manifester le désir ou le besoin qu'il en éprouvait, n'y avait recours que dans certains moments, et toujours à la vue de l'objet désiré. Ainsi, par exemple, quelque vif que fût son goût pour le lait, ce n'était qu'au moment où il avait coutume d'en prendre, et à l'instant même où il voyait qu'on allait lui en présenter, que le mot de cet aliment préféré était émis, ou plutôt formé selon la manière convenable. Pour éclairer le soupçon que m'inspira cette sorte de réserve, j'essayai de retarder l'heure de son déjeuner et ce fut en vain que j'attendais de l'élève la manifestation écrite de ses besoins quoique devenus plus urgents. Ce ne fut que lorsque la tasse parut que le mot *lait* fut formé. J'eus recours à une autre épreuve : au milieu de son déjeuner, et sans donner à ce procédé aucune apparence de châtiment, j'enlevai la tasse qui contenait le lait, et l'enfermai dans une armoire. Si le mot *lait* eût été pour Victor le signe distinct de la chose et l'expression du besoin qu'il en avait, nul doute qu'après cette privation subite, le besoin continuant à se faire sentir, le mot *lait* n'eût été de suite reproduit. Il ne le fut point ; et j'en conclus que la formation de ce signe, au lieu d'être pour l'élève l'expression de ses besoins, n'était qu'une sorte d'exercice préliminaire, dont il faisait machinalement précéder la satisfaction de ses appétits. Il fallait donc revenir sur nos pas et travailler sur de nouveaux frais. Je m'y résignai courageusement, persuadé que si je n'avais pas été compris par mon élève, la faute en était à moi plutôt qu'à lui. En réfléchissant, en effet, sur les causes qui pouvaient donner lieu à cette acception défectueuse des signes écrits, je reconnus n'avoir pas apporté, dans ces premiers exemples de l'énonciation des idées, l'extrême simplicité que j'avais mise dans le début de mes autres moyens d'instruction, et qui en avait assuré le succès. Ainsi quoique le mot *lait* ne soit pour nous qu'un signe simple, il pouvait être pour Victor l'expression confuse de ce liquide alimentaire, du vase qui le contenait, et du désir dont il était l'objet.

XIX. - Plusieurs autres signes avec lesquels je l'avais familiarisé présentaient, quant à leur application, le même défaut de précision.

Un vice encore plus notable, tenait à notre procédé d'énonciation. Elle se faisait, comme je l'ai déjà dit, en disposant sur une même ligne et dans un ordre convenable, des lettres métalliques, de manière à donner le nom de chaque objet. Mais ce rapport qui existait entre la chose et le mot n'était point assez immédiat pour être complètement saisi par l'élève. Il fallait, pour faire disparaître cette difficulté, établir entre chaque objet et son signe une liaison plus directe et une sorte d'identité qui les fixât simultanément dans la mémoire ; il fallait encore que les objets admis les premiers à cette nouvelle méthode d'énonciation, fussent réduits à leur plus grande simplicité, afin que leurs signes ne puissent porter, en aucune manière, sur leurs accessoires. En conséquence de ce plan, je disposai sur les tablettes d'une bibliothèque, plusieurs objets simples, tels qu'une plume, une clef, un couteau, une boîte etc. placés immédiatement sur une carte où étaient tracés leurs noms. Ces noms n'étaient pas nouveaux pour l'élève ; il les connaissait déjà, et avait appris à les distinguer les uns des autres, d'après le mode de lecture que j'ai indiqué plus haut.

XX. - Il ne s'agissait donc plus que de familiariser ses yeux avec l'apposition respective de chacun de ces noms au-dessous de l'objet qu'il représentait. Cette disposition fut bientôt saisie ; et j'en eus la preuve lorsque déplaçant tous ces objets, et replaçant d'abord les étiquettes dans un autre ordre, je vis l'élève remettre soigneusement chaque chose sur son nom. Je diversifiai mes épreuves ; et cette diversité me donna lieu de faire plusieurs observations relatives au degré d'impression que faisait, sur le sensorium de notre sauvage, l'image de ses signes écrits. Ainsi, lorsque laissant tous ces objets dans l'un des coins de la chambre et emportant dans un autre toutes les étiquettes, je voulais, en les montrant successivement à Victor, l'engager à m'aller quérir chaque objet dont je lui montrais le mot écrit, il fallait pour qu'il pût m'apporter la chose qu'il ne perdît pas de vue, un seul instant, les caractères qui servaient à la désigner. S'il s'éloignait assez pour ne plus être à portée de lire l'étiquette, si, après la lui avoir bien montrée, je la couvrais de ma main, aussitôt l'image du mot échappait à l'élève qui, prenant un air d'inquiétude et d'anxiété, saisissait au hasard le premier objet qui lui tombait sous la main.

XXI. - Le résultat de cette expérience était peu encourageant, et m'eût en effet complètement découragé si je ne me fusse aperçu, en la répétant fréquemment, que la durée de l'impression devenait insensiblement beaucoup moins courte dans le cerveau de mon élève. Bientôt il ne fallut plus que jeter rapidement les yeux sur le mot que je lui désignais pour aller, sans hâte comme sans méprise, me chercher l'objet demandé. Au bout de quelque temps, je pus faire l'expérience plus en grand, en l'envoyant de mon appartement dans sa chambre, pour y chercher de même un objet quelconque dont je lui montrais le nom. La durée de la perception se trouve d'abord beaucoup plus courte que la durée du trajet ; mais Victor, par un acte d'intelligence bien digne de remarque, chercha et trouva dans l'agilité de ses jambes un moyen sûr de rendre la durée de l'impression plus longue que celle de la course. Dès qu'il avait bien lu, il partait comme un trait ; et je le voyais revenir un instant après, tenant à la main l'objet demandé. Plus d'une fois cependant, le souvenir du mot lui échappait en chemin ; je l'entendais alors s'arrêter dans sa course et reprendre le chemin de mon appartement où il arrivait d'un air timide et confus. Quelquefois il lui suffisait de jeter les yeux sur la collection entière des noms, pour reconnaître et retenir celui qui lui était échappé ; d'autres fois, l'image du nom s'était tellement effacée de sa mémoire qu'il fallait que je le lui montrasse de nouveau : ce qu'il exigeait de moi, en prenant ma main et me faisant promener mon doigt indicateur sur toute cette série de noms jusqu'à ce que je lui eusse désigné celui qu'il avait oublié.

XXII. - Cet exercice fut suivi d'un autre qui, offrant plus de travail à la mémoire, contribua plus puissamment à la développer. Jusque-là je m'étais borné à demander un seul objet à la fois ; j'en demandai d'abord deux, puis trois, et puis ensuite quatre, en désignant un pareil nombre de signes à l'élève qui, sentant la difficulté de les retenir tous, ne cessait de les parcourir avec une attention avide, jusqu'à ce que je les dérobasse tout à fait à ses yeux. Dès lors, plus de délai ni d'incertitude ; il prenait à la hâte le chemin de sa chambre, d'où il rapportait les objets demandés. Arrivé chez moi, son premier soin, avant de me les donner, était de reporter avec vivacité ses yeux sur la liste, de la confronter avec les objets dont il était porteur, et qu'il ne me remettait qu'après s'être assuré, par cette épreuve, qu'il n'y avait ni omission, ni méprise. Cette dernière expérience donna d'abord des résultats très variables, mais à la fin les difficultés qu'elle présentait furent surmontées à leur tour. L'élève, alors sûr de sa mémoire, dédaignant l'avantage que lui donnait l'agilité de ses jambes, se livrait paisiblement à cet exercice, s'arrêtait souvent dans le corridor, mettait la tête à la fenêtre qui est à l'une des extrémités, saluait, de quelques cris aigus, le spectacle de la campagne qui se déploie de ce côté dans un magnifique lointain, reprenait le chemin de sa chambre, y faisait sa petite cargaison, renouvelait son hommage aux beautés toujours regrettées de la nature, et rentrait chez moi bien assuré de l'exactitude de son message.

XXIII. - C'est ainsi que, rétablie dans toute la latitude de ses fonctions, la mémoire parvint à retenir les signes de la pensée, tandis que, d'un autre côté, l'intelligence en saisissait toute la valeur. Telle fut du moins la conclusion que je crus devoir tirer des faits précédents, lorsque je vis Victor se servir à chaque instant, soit dans nos exercices, soit spontanément, des différents mots dont je lui avais appris le sens, nous demander les divers objets dont ils étaient la représentation, montrant ou donnant la chose lorsqu'on lui faisait lire le mot, ou indiquant le mot lorsqu'on lui présentait la chose. Qui pourrait croire que cette double épreuve ne fût pas plus que suffisante pour m'assurer qu'à la fin j'étais arrivé au point pour lequel il m'avait fallu retourner sur mes pas et faire un si grand détour ? Ce qui m'arriva à cette époque me fit croire, un moment, que j'en étais plus éloigné que jamais.

XXIV. -- Un jour que j'avais amené Victor chez moi, et que je l'envoyais, comme de coutume, me quérir dans sa chambre plusieurs objets que je lui désignais sur son catalogue, je m'avisai de fermer ma porte à double tour, et de retirer la clef de la serrure, sans qu'il s'en aperçût. Cela fait, je revins dans mon cabinet, où il était, et déroulant son catalogue je lui demandais quelques-uns des objets dont les noms s'y trouvaient écrits, avec l'attention de n'en désigner aucun qui ne fût pareillement dans mon appartement. Il partit de suite ; mais ayant trouvé la porte fermée, et cherché vainement la clef de tous côtés, il vint auprès de moi, prit ma main et me conduisit jusqu'à la porte d'entrée, comme pour me faire voir qu'elle ne pouvait s'ouvrir. Je feignis d'en être surpris, de chercher la clef partout, et même de me donner beaucoup de mouvement pour ouvrir la porte de force ; enfin, renonçant à ces vaines tentatives, je ramenai Victor dans mon cabinet, et lui montrant de nouveau les mêmes mots je l'invitai, par signes, à voir autour de lui s'il ne se présenterait point de pareils objets. Les mots désignés étaient bâton, soufflet, brosse, verre, couteau. Tous ces objets se trouvaient placés isolément dans mon cabinet, mais de manière cependant à être facilement aperçus. Victor les vit et ne toucha à aucun. Je ne réussis pas mieux à les lui faire reconnaître en les rassemblant sur une table et ce fut inutilement que je les demandai l'un après l'autre, en lui montrant successivement les noms. Je pris un autre moyen : je découpai avec des ciseaux les noms des objets qui, convertis ainsi en de simples étiquettes, furent mis dans les mains de Victor ; et le ramenant par là aux premiers essais de ce procédé, je l'engageai à mettre sur chaque chose le nom qui servait à la désigner. Ce fut en vain ; et j'eus l'inexprimable déplaisir de voir mon élève méconnaître tous ces objets, ou plutôt les rapports qui les liaient à leurs signes et, avec un air stupéfait qui ne peut se décrire, promener ses regards insignifiants sur tous ces caractères, redevenus pour lui inintelligibles. Je me sentais défaillir d'impatience et de découragement.

J'allai m'asseoir à l'extrémité de la chambre, et considérant avec amertume cet être infortuné, que la bizarrerie de son sort réduirait à la triste alternative, ou d'être relégué, comme un véritable idiot, dans quelques-uns de nos hospices, ou d'acheter, par des peines inouïes, un peu d'instruction inutile encore à son bonheur. " Malheureux, lui dis-je comme s'il eût pu m'entendre, et avec un véritable serrement de cœur, puisque mes peines sont perdues et tes efforts infructueux, reprends, avec le chemin de tes forêts, le goût de la vie primitive ; ou si tes nouveaux besoins te mettent dans la dépendance de la société, expie le malheur de lui être inutile, et va mourir à Bicêtre, de misère et d'ennui. " Si j'avais moins connu la portée de l'intelligence de mon élève, j'aurais pu croire que j'avais été pleinement compris ; car à peine avais-je achevé ces mots que je vis, comme cela arrive dans ses chagrins les plus vifs, sa poitrine se soulever avec bruit, ses yeux se fermer, et un ruisseau de larmes s'échapper à travers ses paupières rapprochées.

XXV. - J'avais souvent remarqué que de pareilles émotions, quand elles allaient jusqu'aux larmes, formaient une espèce de crise salutaire, qui développait subitement l'intelligence, et la rendait plus apte à surmonter, immédiatement après, telle difficulté qui avait paru insurmontable quelques instants auparavant. J'avais aussi observé que si, dans le fort de cette émotion, je quittais tout à coup le son des reproches pour y substituer des manières caressantes et quelques mots d'amitié et d'encouragement, j'obtenais alors un surcroît d'émotion, qui doublait l'effet que j'en attendais. L'occasion était favorable, et je me hâtai d'en profiter. Je me rapprochai de Victor ; je lui fis entendre des paroles affectueuses, que je prononçai dans des termes propres à lui en faire saisir le sens, et que j'accompagnai de témoignages d'amitié plus intelligibles encore. Ses pleurs redoublèrent, accompagnés de soupirs et de sanglots, tandis que redoublant moi-même de caresses, je portais l'émotion au plus haut point, et faisais, si je puis m'exprimer ainsi, frémir jusqu'à la dernière fibre sensible de l'homme moral. Quand tout cet excitement fut entièrement calmé, je replaçai les mêmes objets sous les yeux de Victor, et l'engageai à me les désigner l'un après l'autre, au fur et à mesure que je lui en montrai successivement les noms. Je commençai par lui demander le livre ; il le regarda d'abord assez longtemps, fit un mouvement pour y porter la main, en cherchant à surprendre dans mes yeux quelques signes d'approbation ou d'improbation, qui fixât ses incertitudes. Je me tins sur mes gardes et ma physionomie fut muette. Réduit donc à son propre jugement, il en conclut que ce n'était point là l'objet demandé, et ses yeux allèrent cherchant de tous côtés dans la chambre, ne s'arrêtant cependant que sur les livres qui étaient disséminés sur la table et la cheminée.

Cette espèce de revue fut pour moi un trait de lumière. J'ouvris de suite une armoire qui était pleine de livres et j'en tirai une douzaine, parmi lesquels j'eus l'attention d'en faire entrer un, qui ne pouvait qu'être exactement semblable à celui que Victor avait laissé dans sa chambre ; le voir, y porter brusquement la main, me le présenter d'un air radieux ne fut pour Victor que l'affaire d'un moment.

XXVI. - Je bornai là cette épreuve, le résultat suffisait pour me redonner des espérances que j'avais trop légèrement abandonnées, et pour m'éclairer sur la nature des difficultés qu'avait fait naître cette expérience. Il était évident que mon élève, loin d'avoir conçu une fausse idée de la valeur des signes, en faisait seulement une application trop rigoureuse. Il avait pris mes leçons à la lettre ; et de ce que je m'étais borné à lui donner la nomenclature des objets contenus dans sa chambre, il s'était persuadé que ces objets étaient les seuls auxquels elle fût applicable. Ainsi, tout livre qui n'était pas celui qu'il avait dans sa chambre n'était pas un livre pour Victor ; et pour qu'il pût se décider à lui donner le même nom, il fallait qu'une ressemblance parfaite établît entre l'un et l'autre une identité visible. Bien différent, dans l'application des mots, des enfants qui, commençant à parler, donnent aux noms individuels la valeur des noms génériques dans le sens restreint des noms individuels. D'où pouvait venir cette étrange différence ? Elle tenait, si je ne me trompe, à une sagacité d'observation visuelle, résultat nécessaire de l'éducation particulière donnée au sens de la vue. J'avais tellement exercé cet organe à saisir, par des comparaisons analytiques, les qualités apparentes des corps et leurs différences de dimension, de couleur, de conformation, qu'entre deux corps identiques il se trouvait toujours, pour des yeux ainsi exercés, quelques points de dissemblance qui faisaient croire à une différence essentielle. L'origine de l'erreur ainsi déterminée, il devenait facile d'y remédier ; c'était d'établir l'identité des objets, en démontrant à l'élève l'identité de leurs usages ou leurs propriétés ; c'était de lui faire voir quelles qualités communes valent le même nom à des choses en apparence différentes ; en un mot, il s'agissait de lui apprendre à considérer les objets non plus sous le rapport de leur différence, mais d'après leurs points de contact.

XXVII. - Cette nouvelle étude fut une espèce d'introduction à l'art des rapprochements. L'élève s'y livra d'abord avec si peu de réserve qu'il pensa s'égarer de nouveau, en attachant la même idée, et en donnant le même nom à des objets qui n'avaient d'autres rapports entre eux que l'analogie de leurs formes ou de leurs usages. C'est ainsi que sous le nom de livre il désigna indistinctement une main de papier, un cahier, un journal, un registre, une brochure ; que tout morceau de bois étroit et long fut appelé bâton, que tantôt il donnait le nom de brosse au balai et celui de balai à la brosse et que bientôt, si je n'avais réprimé cet abus des rapprochements, j'aurais vu Victor se borner à l'usage d'un petit nombre de signes, qu'il eût appliqués, sans distinction, à une foule d'objets tout à fait différents, et qui n'ont de commun entre eux que quelques-unes des qualités ou propriétés générales des corps.

XXVIII. - Au milieu de ces méprises, ou plutôt de ces oscillations d'une intelligence tendant sans cesse au repos, et sans cesse mue par des moyens artificiels, je crus voir se développer une de ces facultés caractéristiques de l'homme, et de l'homme pensant, la faculté d'inventer. En considérant les choses sous le point de vue de leur analogie ou de leurs qualités communes, Victor en conclut que, puisqu'il y avait entre divers objets ressemblance de formes il devait y avoir, dans quelques circonstances, identité d'usage et de fonctions. Sans doute la conséquence était un peu hasardée ; mais elle donnait lieu à des jugements qui, lors même qu'ils se trouvaient évidemment défectueux, devenaient pour lui autant de nouveaux moyens d'instruction. Je me souviens qu'un jour, où je lui demandai par écrit un couteau, il se contenta, après en avoir cherché un pendant quelque temps, de me présenter un rasoir qu'il alla quérir dans une chambre voisine. Je feignis de m'en accommoder ; et quand sa leçon fut finie, je lui donnai à goûter comme à l'ordinaire, et j'exigeai qu'il coupât son pain, au lieu de le diviser avec ses doigts, selon son usage. A cet effet, je lui tendis le rasoir qu'il m'avait donné sous le nom de couteau. Il se montra conséquent, et voulut en faire le même usage ; mais le peu de fixité de la lame l'en empêcha. Je ne crus pas la leçon complète ; je pris le rasoir et le fis servir, en la présence même de Victor, à son véritable usage. Dès lors cet instrument n'était plus et ne devait plus être à ses yeux un couteau. Il me tardait de m'en assurer. Je repris son cahier, je montrai le mot couteau, et l'élève me montra de suite celui qu'il tenait dans sa main, et que je lui avais donné à l'instant où il n'avait pu se servir du rasoir. Pour que ce résultat fût complet, il me fallait faire la contre-épreuve ; il fallait que, mettant le cahier entre les mains de l'élève et touchant de mon côté le rasoir, Victor ne m'indiquât aucun mot, attendu qu'il ignorait encore celui de cet instrument : c'est aussi ce qui arriva.

XXIX. - D'autres fois, les remplacements dont il s'avisait supposaient des rapprochements comparatifs beaucoup plus bizarres. Je me rappelle que dînant un jour en ville et voulant recevoir une cuillerée de lentilles qu'on lui présentait, au moment où il n'y avait plus d'assiettes ni de plats sur la table, il s'avisa d'aller prendre sur la cheminée et d'avancer, ainsi qu'il l'eût fait d'une

Jean Itard

assiette, un petit dessin sous verre, de forme circulaire, entouré d'un cadre dont le rebord nu et saillant ne ressemblait pas mal à celui d'une assiette.

XXX. - Mais très souvent ses expédients étaient plus heureux, mieux trouvés, et méritaient à plus juste titre, le nom d'invention. Je ne crains pas de donner ce nom à la manière dont il se pourvut un jour d'un porte-crayon. Une seule fois, dans mon cabinet, je lui avais fait faire usage de cet instrument pour fixer un petit morceau de craie qu'il ne pouvait tenir du bout de ses doigts. Peu de jours après, la même difficulté se présenta ; mais Victor était dans sa chambre, et il n'avait pas là de porte-crayon pour tenir sa craie. Je le donne à l'homme le plus industrieux ou le plus inventif, de dire ou plutôt de faire ce qu'il fit pour s'en procurer un. Il prit un ustensile de rôtisseur, employé dans les bonnes cuisines, autant que superflu dans celle d'un pauvre sauvage, et qui, pour cette raison, restait oublié et rongé de rouille au fond d'une petite armoire, une lardoire enfin. Tel fut l'instrument qu'il prit pour remplacer celui qui lui manquait et qu'il sut, par une seconde inspiration d'une imagination vraiment créatrice, convertir en un véritable porte-crayon en remplaçant les coulants par quelques tours de fil. Pardonnez, Monseigneur, l'importance que je mets à ce fait. Il faut avoir éprouvé toutes les angoisses d'une instruction aussi pénible ; il faut avoir suivi et dirigé cet homme-plante dans ses laborieux développements, depuis le premier acte de l'attention jusqu'à cette première étincelle de l'imagination, pour se faire une idée de la joie que j'en ressentis et me trouver pardonnable de produire encore en ce moment avec une sorte d'ostentation, un fait aussi simple et aussi ordinaire. Ce qui ajoutait encore à l'importance de ce résultat, considéré comme une preuve du mieux actuel, et comme une garantie d'une amélioration future, c'est qu'au lieu de se présenter avec un isolement qui eût pu le faire regarder comme accidentel, il se groupait avec une foule d'autres, moins piquants sans doute, mais qui, venus à la même époque et émanés évidemment de la même source, s'offraient aux yeux d'un observateur attentif, comme des résultats divers d'une impulsion générale. Il est en effet digne de remarque que, dès ce moment, disparurent spontanément une foule d'habitudes routinières que l'élève avait contractées dans sa manière de vaquer aux petites occupations qu'on lui avait prescrites. Tout en s'abstenant sévèrement de faire des rapprochements forcés, et de tirer des conséquences éloignées, on peut du moins, je pense, soupçonner que la nouvelle manière d'envisager les choses, faisant naître l'idée d'en faire de nouvelles applications, dût nécessairement forcer l'élève à sortir du cercle uniforme de ces habitudes en quelque sorte automatiques.

XXXI. - Bien convaincu enfin que j'avais complètement établi dans l'esprit de Victor le rapport des objets avec leurs signes, il ne me restait plus qu'à en augmenter successivement le nombre. Si l'on a bien saisi le procédé par lequel j'étais parvenu à établir la valeur des premiers signes, on aura dû prévoir que ce procédé ne pouvait s'appliquer qu'aux objets circonscrits et de peu de volume, et qu'on ne pouvait étiqueter de même un lit, une chambre, un arbre, une personne, ainsi que les parties constituantes et inséparables d'un tout. Je ne trouvai aucune difficulté à faire comprendre le sens de ces nouveaux mots, quoique je ne pusse les lier visiblement aux objets qu'ils représentaient comme dans les expériences précédentes. Il me suffisait pour être compris, d'indiquer du doigt le mot nouveau, et de montrer de l'autre main l'objet auquel le mot se rapportait. J'eus un peu de peine à faire entendre la nomenclature des parties qui entrent dans la composition d'un tout. Ainsi les mots doigts, mains, avant-bras, ne purent pendant longtemps offrir à l'élève aucun sens distinct. Cette confusion dans l'attribution des signes tenait évidemment à ce que l'élève n'avait point encore compris que les parties d'un corps, considérées séparément, formaient à leur tour des objets distincts, qui avaient leur nom particulier. Pour lui en donner l'idée, je pris un livre relié, j'en arrachai les couvertures et j'en détachai plusieurs feuilles. A mesure que je donnai à Victor chacune de ces parties séparées, j'en écrivais le nom sur la planche noire ; puis reprenant dans sa main ces divers débris, je m'en faisais à mon tour indiquer les noms. Quand ils se furent bien gravés dans sa mémoire, je remis à leur place les parties séparées, et lui en redemandant les noms, il me les désigna comme auparavant, puis, sans lui en présenter aucun en particulier et lui montrant le livre en totalité, je lui en demandai le nom : il m'indiqua du doigt le mot livre.

XXXII. - Il n'en fallait pas davantage pour lui rendre familière la nomenclature des diverses parties des corps composés ; et pour que, dans les démonstrations que je lui en faisais, il ne confondit pas les noms propres à chacune des parties avec le nom général de l'objet, j'avais soin, en montrant les premières, de les toucher chacune immédiatement et je me contentais, pour l'application du nom général, d'indiquer la chose vaguement sans y toucher.

XXXIII. - De cette démonstration, je passai à celle des qualités des corps. J'entrais ici dans le champ des abstractions, et j'y entrais avec la crainte de ne pouvoir y pénétrer ou de m'y voir bientôt arrêté par des difficultés insurmontables. Il ne s'en présenta aucune ; et ma première démonstration fut saisie d'emblée, quoiqu'elle portât sur l'une des qualités les plus abstraites des corps, celle de l'étendue. Je pris deux livres reliés de même, mais de format différent : l'un était un in-18, l'autre un in-8. Je touchai le premier. Victor ouvrit son cahier et désigna du doigt le mot livre. Je touchai le second, l'élève indiqua de nouveau le même mot. Je recommençai plusieurs fois et toujours avec le même résultat. Je pris ensuite le plus petit livre et le présentant à Victor je lui fis étendre sa main à plat sur la couverture : elle en était presque entièrement couverte ; je l'engageai alors à faire la même chose sur le volume in-8 : sa main en couvrait à peine la moitié. Pour qu'il ne pût se méprendre sur mon intention, je lui montrai la partie qui restait à découvert et l'engageai à allonger les doigts vers cet endroit : ce qu'il ne put faire sans découvrir une portion égale à celle qu'il recouvrait. Après cette expérience, qui démontrait à mon élève d'une manière si palpable la différence d'étendue de ces deux objets, j'en demandai de nouveau le nom. Victor hésita ; il sentit que le même nom ne pouvait plus s'appliquer indistinctement à deux choses qu'il venait de trouver si inégales. C'était là où je l'attendais. J'écrivis alors sur deux cartes le mot livre, et j'en déposai une sur chaque livre. J'écrivis ensuite sur une troisième le mot *grand,* et le mot petit sur une quatrième ; je les plaçai à côté des premières, l'une sur le volume in-8 et l'autre sur le volume in-18. Après avoir fait remarquer cette disposition à Victor, je repris les étiquettes, les mêlai pendant quelque temps et les lui donnai ensuite pour être replacées. Elles le furent convenablement.

XXXIV. - Avais-je été compris ? Le sens respectif des mots *grand* et *petit* avait-il été saisi ? Pour en avoir la certitude et la preuve complète, voici comment je m'y pris. Je me fis apporter deux clous de longueur inégale ; je les fis comparer à peu près de la même manière que je l'avais fait pour les livres. Puis ayant écrit sur deux cartes le mot clou, je les lui présentai, sans y ajouter les deux adjectifs *grand* et *petit*, espérant que, si ma leçon précédente avait été bien saisie, il appliquerait aux clous les mêmes signes de grandeur relative qui lui avaient servi à établir la différence de dimension des deux livres. C'est ce qu'il fit avec une promptitude qui rendit la preuve plus concluante encore. Tel fut le procédé par lequel je lui donnai l'idée des qualités d'étendue. Je l'employai avec le même succès pour rendre intelligibles les signes qui représentent les autres qualités sensibles des corps, comme celles de couleur, de pesanteur, de résistance etc.

XXXV. - Après l'explication de l'adjectif, vint celle du verbe. Pour le faire comprendre à l'élève, je n'eus qu'à soumettre un objet dont il connaissait le nom à plusieurs sortes d'actions que je désignais, à mesure que je les exécutais, par l'infinitif du verbe qui exprime cette action. Je prenais une clef, par exemple ; j'en écrivais le nom sur une planche noire ; puis la *touchant*, la *jetant*, la *ramassant*, la *portant aux lèvres*, la *remettant* à sa place, etc., j'écrivais en même temps que j'exécutais chacune de ces actions sur une colonne, à côté du mot *clef*, les verbes *toucher, jeter, ramasser, baiser, replacer*, etc. Je substituais ensuite au mot *clef* le nom d'un autre objet que je soumettais aux mêmes fonctions, pendant que je montrais avec le doigt les verbes déjà écrits. Il arrivait souvent qu'en remplaçant ainsi au hasard un objet par un autre pour le rendre le régime des mêmes verbes, il y avait entre eux et la nature de l'objet une telle incompatibilité que l'action demandée devenait ou bizarre ou impossible. L'embarras où se trouvait alors l'élève tournait presque toujours à son avantage, autant qu'à ma propre satisfaction, et nous fournissant à lui l'occasion d'exercer son discernement et à moi celle de recueillir de nouvelles preuves de son intelligence. Un jour par exemple, que par suite des changements successifs du régime des verbes, je me trouvais avoir ces étranges associations de mots, *déchirer pierre, couper tasse, manger balai, il* se tira fort bien d'embarras, en changeant les deux actions indiquées par les deux premiers verbes, en deux autres moins incompatibles avec la nature de leur régime. En conséquence, il prit un marteau pour rompre la pierre, et laissa tomber la tasse pour la casser. Parvenu au troisième verbe et ne pouvant lui trouver de remplaçant, il en chercha un au régime, prit un morceau de pain et le mangea.

XXXVI. - Réduits à nous traîner péniblement et par les circuits infinis dans l'étude de ces difficultés grammaticales, nous faisions marcher de front, comme un moyen d'instruction auxiliaire et de diversion indispensable, l'exercice de l'écriture. Le début de ce travail m'offrit des difficultés sans nombre auxquelles je m'étais attendu. L'écriture est un exercice d'imitation et l'imitation était à naître chez notre sauvage. Ainsi lorsque je lui donnai pour la première fois un morceau de craie que je disposai convenablement au bout de ses doigts, je ne pus obtenir aucune ligne, aucun trait qui supposât dans l'élève l'intention d'imiter ce qu'il me voyait faire. Il fallait donc ici rétrograder encore, et chercher à tirer de leur inertie les facultés imitatives en les soumettant, comme toutes les autres, à une sorte d'éducation graduelle. Je procédai à l'exécution de ce plan en exerçant Victor à des actes d'une imitation grossière, comme de lever les bras, d'avancer le pied, de s'asseoir, de se lever en même temps que moi, puis d'ouvrir la main, de la fermer, et de répéter avec ses doigts une foule de mouvements d'abord simples, puis combinés, que j'exécutais devant lui. J'armai ensuite sa main, de même que la mienne, d'une longue baguette taillée en pointe, que je lui faisais tenir comme une plume à écrire, dans la double intention de donner plus de force et d'aplomb à ses doigts, par la difficulté de tenir en équilibre ce simulacre de plume et de lui rendre visibles et par conséquent susceptibles d'imitation jusques aux moindres mouvements de la baguette.

XXXVII. - Ainsi disposés par des exercices préliminaires nous nous mîmes à la planche noire, munis chacun d'un morceau de craie ; et plaçant nos deux mains à la même hauteur je commençai par descendre lentement et verticalement vers la base du tableau. L'élève en fit autant, en suivant exactement la même direction, et partageant son attention entre sa ligne et la mienne et portant sans relâche ses regards de l'une à l'autre, comme s'il eût voulu en collationner successivement tous les points.

Le résultat de notre composition fut deux lignes exactement parallèles. Mes leçons subséquentes ne furent qu'un développement du même procédé : je n'en parlerai pas. Je dirai seulement que le résultat fut tel, qu'au bout de quelques mois Victor sut copier les mots dont il connaissait déjà la valeur, bientôt après les reproduire de mémoire et se servir enfin de son écriture tout informe qu'elle était et qu'elle est restée, pour exprimer ses besoins, solliciter les moyens de les satisfaire, et saisir par la même voie l'expression des besoins ou de la volonté des autres.

XXXVIII. - En considérant mes expériences comme un véritable cours d'imitation, je crus devoir ne pas le borner à des actes d'une imitation manuelle. J'y fis entrer plusieurs procédés qui n'avaient aucun rapport au mécanisme de l'écriture, mais dont l'effet était beaucoup plus propre à exercer l'intelligence. Tel est entre autres celui-ci : je traçais sur une planche noire deux cercles à peu près égaux l'un vis-à-vis de moi, et l'autre en face de Victor. Je disposais, sur six ou huit points de la circonférence de ces cercles, six ou huit lettres de l'alphabet, les mêmes dans les cercles, mais placées diversement. Je traçais ensuite dans l'un des cercles plusieurs lignes qui allaient aboutir aux lettres placées sur sa circonférence : Victor en faisait autant sur l'autre cercle. Mais par suite de la différente disposition des lettres, il arrivait que l'imitation la plus exacte donnait néanmoins une figure toute différente de celle que je lui offrais pour modèle. De là l'idée d'une imitation toute particulière, dans laquelle il s'agissait non de copier servilement une forme donnée, mais d'en reproduire l'esprit et la manière, sans être arrêté par la différence du résultat. Ce n'était plus ici une répétition routinière de ce que l'élève voyait faire, et telle qu'on pourrait l'obtenir, jusqu'à un certain point, de quelques animaux imitateurs, mais une imitation intelligente et raisonnée, variable dans ses procédés comme dans ses applications, et telle en un mot qu'on a droit de l'attendre de l'homme doué du libre usage de toutes ses facultés intellectuelles.

XXXIX. - De tous les phénomènes que présentent à l'observateur les premiers développements de l'enfant, le plus étonnant peut-être est la facilité avec laquelle il apprend à parler ; et lorsqu'on pense que la parole, qui est sans contredit l'acte le plus admirable de l'imitation, en est aussi le premier résultat, on sent redoubler son admiration pour cette intelligence suprême dont l'homme est le chef-d'œuvre, et qui voulant faire de la parole le principal moteur de l'éducation, a dû ne pas assujettir l'imitation au développement progressif des autres facultés, et la rendre, dès son début, aussi active que féconde. Mais cette faculté imitative, dont l'influence se répand sur toute la vie, varie dans son application, selon la diversité des âges, et n'est employée à l'apprentissage de la parole que dans la plus tendre enfance ; plus tard elle préside à d'autres fonctions, et abandonne, pour ainsi dire, l'instrument vocal ; de telle sorte qu'un jeune enfant, un adolescent même, quittant son pays natal, en perd très promptement les manières, le ton, le langage, mais jamais ces intonations de voix qui constituent ce qu'on appelle l'accent. Il résulte de cette vérité physiologique qu'en réveillant l'imitation dans ce jeune sauvage parvenu déjà à son adolescence, j'ai dû m'attendre à ne trouver dans l'organe de la voix aucune disposition à mettre à profit ce développement des facultés imitatives, en supposant même que je n'eusse pas rencontré un second obstacle dans la stupeur opiniâtre du sens de l'ouïe. Sous ce dernier rapport, Victor pouvait être considéré comme un sourd-muet, quoique bien inférieur encore à cette classe d'êtres essentiellement observateurs et imitateurs.

XL. - Néanmoins, je n'ai pas cru devoir m'arrêter à cette différence, ni renoncer à l'espoir de le faire parler et à tous les avantages que je m'en promettais, qu'après avoir tenté, pour parvenir à ce résultat, le dernier moyen qui me restait : c'était de le conduire à l'usage de la parole non plus par le sens de l'ouïe, puisqu'il s'y refusait, mais par celui de la vue. Il s'agissait donc, dans cette dernière tentative, d'exercer les yeux à saisir le mécanisme de l'articulation des sons, et la voix à les répéter, par une heureuse application de toutes les forces réunies de l'attention et de l'imitation. Pendant plus d'un an tous mes travaux, tous nos exercices tendirent à ce but. Pour suivre pareillement ici la méthode des gradations insensibles, je fis précéder l'étude de l'articulation visible des sons, par l'imitation un peu plus facile des mouvements des muscles de la face, en commençant par ceux qui étaient les plus apparents. Ainsi voilà l'instituteur et l'élève en face de l'un de l'autre, grimaçant à qui mieux mieux, c'est-à-dire imprimant aux muscles des yeux, du front, de la bouche, de la mâchoire, des mouvements de toute espèce ; concentrant peu à peu les expériences sur les muscles des lèvres et, après avoir insisté longtemps sur l'étude des mouvements de cette partie charnue de l'organe de la parole, soumettant enfin la langue aux mêmes exercices, mais beaucoup plus diversifiés et plus longtemps continués.

XLI. - Ainsi préparé, l'organe de la parole me paraissait devoir se prêter sans peine à l'imitation des sons articulés, et je regardais ce résultat comme aussi prochain qu'infaillible. Mon espérance fut entièrement déçue ; et tout ce que je pus obtenir de cette longue série de soins se réduisit à l'émission de quelques monosyllabes informes, tantôt aigus, tantôt graves, et beaucoup moins nets encore que ceux que j'avais obtenus dans mes premiers essais. Je tins bon néanmoins et luttai, pendant longtemps encore, contre l'opiniâtreté de l'organe, jusqu'à ce qu'enfin, voyant la continuité de mes soins et la succession du temps n'opérer aucun changement, je me résignai à terminer là mes dernières tentatives en faveur de la parole, et j'abandonnai mon élève à un mutisme incurable.

DÉVELOPPEMENT
DES FACULTÉS AFFECTIVES

XLII. - Vous avez vu, Monseigneur, la civilisation, rappelant de leur profond engourdissement les facultés intellectuelles de notre Sauvage, en déterminer d'abord l'application aux objets de ses besoins, et étendre la sphère de ses idées au-delà de son existence animale. Votre Excellence va voir, dans le même ordre de développement, les facultés affectives, éveillées d'abord par le sentiment du besoin de l'instinct de la conservation, donner ensuite naissance à des sentiments moins intéressés, à des mouvements plus expansifs et à quelques-uns de ces sentiments généreux qui font la gloire et le bonheur du cœur humain.

XLIII. - A son entrée dans la société, Victor, insensible à tous les soins qu'on prit d'abord de lui, et confondant l'empressement de la curiosité avec l'intérêt de la bienveillance, ne donna pendant longtemps aucun témoignage d'attention à la personne qui le soignait. S'en rapprochant quand il y était forcé par le besoin, et. s'en éloignant dès qu'il se trouvait satisfait, il ne voyait en elle que la main qui le nourrissait, et dans cette main autre chose que ce qu'elle contenait. Ainsi, sous le rapport de son existence morale, Victor était un enfant, dans les premiers jours de sa vie, lequel passe du sein de sa mère à celui de sa nourrice, et de celle-ci à une autre, sans y trouver d'autre différence que celle de la quantité ou de la qualité du liquide qui lui sert d'aliment. Ce fut avec la même indifférence que notre Sauvage, au sortir de ses forêts, vit changer à diverses reprises les personnes commises à sa garde, et qu'après avoir été accueilli, soigné et conduit à Paris par un pauvre paysan de l'Aveyron qui lui prodigua tous les témoignages d'une tendresse paternelle, il s'en vit séparer tout à coup sans peine ni regret.

XLIV. - Livré pendant les trois premiers mois de son entrée à l'Institution aux importunités des curieux oisifs de la Capitale, et de ceux qui, sous le titre spécieux d'observateurs ne l'obsédaient pas moins ; errant dans les corridors et le jardin de la maison par le temps le plus rigoureux de l'année ; croupissant dans une saleté dégoûtante ; éprouvant souvent le besoin de la faim, il se vit tout à coup, chéri, caressé par une surveillante pleine de douceur, de bonté et d'intelligence, sans que ce changement parût réveiller dans son cœur le plus faible sentiment de reconnaissance. Pour peu que l'on y réfléchisse l'on n'en sera point étonné. Que pouvaient en effet les manières les plus caressantes, les soins les plus affectueux, sur un être aussi impassible ! Et que lui importait d'être bien vêtu, être bien chauffé, commodément logé et couché mollement, à lui qui, endurci aux intempéries des saisons, insensible aux avantages de la vie sociale, ne connaissait d'autre bien que la liberté, et ne voyait qu'une prison dans le logement le plus commode. Pour exciter la reconnaissance, il fallait des bienfaits d'une autre espèce et de nature à être appréciés par l'être extraordinaire qui en était l'objet ; et pour cela, condescendre à ses goûts, et le rendre heureux à sa manière. Je m'attachai fidèlement à cette idée comme à l'indication principale du traitement moral de cet enfant. J'ai fait connaître quels en avaient été les premiers succès. J'ai dit, dans mon premier rapport, comment j'étais parvenu à lui faire aimer sa gouvernante et à lui rendre la vie sociale supportable. Mais cet attachement, tout vif qu'il paraissait, pouvait encore n'être considéré que comme un calcul d'égoïsme. J'eus lieu de le soupçonner quand je m'aperçus qu'après plusieurs heures et même quelques jours d'absence, Victor revenait à celle qui le soignait avec des démonstrations d'amitié, dont la vivacité avait pour mesure bien moins la longueur de l'absence que les avantages réels qu'il trouvait à son retour et les privations qu'il avait éprouvées pendant cette séparation.

Non moins intéressé dans ses caresses, il les fit d'abord servir à manifester ses désirs bien plus qu'à témoigner sa reconnaissance de manière que si on l'observait avec soin à l'issue d'un repas copieux, Victor offrait l'affligeant spectacle d'un être que rien de ce qui l'environne n'intéresse, dès l'instant que tous ses désirs sont satisfaits. Cependant la multiplicité toujours croissante de ses besoins, rendant de plus en plus nombreux ses rapports avec nous et nos soins envers lui, ce cœur endurci s'ouvrit enfin à des sentiments non équivoques de reconnaissance et d'amitié. Parmi les traits nombreux que je puis citer comme autant de preuves de ce changement favorable, je me contenterai de rapporter les deux suivants.

XLV. - La dernière fois qu'entraîné par d'anciennes réminiscences et sa passion pour la liberté des champs notre Sauvage s'évada de la maison, il se dirigea du côté de Senlis et gagna la forêt d'où il ne tarda pas à sortir, chassé sans doute par la faim et l'impossibilité de pouvoir désormais se suffire à lui-même. S'étant rapproché des campagnes voisines, il tomba entre les mains de la gendarmerie qui l'arrêta comme un vagabond et le garda comme tel pendant quinze jours. Reconnu au bout de ce temps, et ramené à Paris, il fut conduit au Temple où Mme Guérin, sa surveillante, se présenta pour le réclamer. Nombre de curieux s'y étaient rassemblés pour être témoins de cette entrevue qui fut vraiment touchante. A peine Victor eut-il aperçu sa gouvernante qu'il pâlit et perdit un moment connaissance ; mais se sentant embrassé, caressé par Mme Guérin, il se ranima subitement, et manifestant sa joie par des cris aigus, par le serrement convulsif de ses mains et les traits épanouis d'une figure radieuse, il se montra, aux yeux de tous les assistants, bien moins comme un fugitif qui rentrait forcément sous la surveillance de sa garde que comme un fils affectueux qui, de son propre mouvement, viendrait se jeter dans les bras de celle qui lui donna le jour.

XLVI. - Il ne montra pas moins de sensibilité dans sa première entrevue avec moi. Ce fut le lendemain matin du même jour. Victor était encore au lit. Dès qu'il me vit paraître, il se mit avec vivacité sur son séant, en avançant la tête et me tendant les bras. Mais voyant qu'au lieu de m'approcher je restais debout, immobile vis-à-vis de lui avec un maintien froid et une figure mécontente, il se replongea dans le lit, s'enveloppa de ses couvertures et se mit à pleurer. J'augmentai l'émotion par mes reproches, prononcés d'un ton haut et menaçant ; les pleurs redoublèrent, accompagnés de longs et profonds sanglots. Quand j'eus porté au dernier point l'excitement des facultés affectives, j'allai m'asseoir sur le lit de mon pauvre repentant. C'était toujours là le signal du pardon. Victor m'entendit, fit les premières avances de la réconciliation et tout fut oublié.

XLVII. - Assez près de la même époque, le mari de Mme Guérin tomba malade et fut soigné hors de la maison, sans que Victor en fût instruit. Celui-ci ayant, dans ses petites attributions domestiques, celle de couvrir la table à l'heure du dîner, continua d'y placer le couvert de M. Guérin, et quoique chaque jour on le fît ôter, il ne manquait pas de le replacer le lendemain. La maladie eut une issue fâcheuse. M. Guérin y succomba, et le jour même où il mourut, son couvert fut encore remis à table. On devine l'effet que dut faire sur Mme Guérin une attention aussi déchirante pour elle. Témoin de cette scène de douleur, Victor comprit qu'il en était la cause ; et soit qu'il se bornât à penser qu'il avait mal agi, soit que pénétrant à fond le motif du désespoir de sa gouvernante, il sentit combien était inutile et déplacé le soin qu'il venait de prendre, de son propre mouvement il ôta le couvert, le reporta tristement dans l'armoire, et jamais plus ne le remit.

XLVIII. - Voilà une affection triste, qui est entièrement du domaine de l'homme civilisé. Mais une autre qui ne l'est pas moins, c'est la morosité profonde dans laquelle tombe mon jeune élève toutes les fois que, dans le cours de nos leçons, après avoir lutté en vain, avec toutes les forces de son attention, contre quelque difficulté nouvelle, il se voit dans l'impossibilité de la surmonter. C'est alors que, pénétré du sentiment de son impuissance et touché peut-être de l'inutilité de mes efforts, je l'ai vu mouiller de ses pleurs ces caractères inintelligibles pour lui, sans qu'aucun mot de reproche, aucune menace, aucun châtiment eussent provoqué ses larmes.

XLIX. - La civilisation, en multipliant ses affections tristes, a dû nécessairement aussi augmenter ses jouissances. Je ne parlerai point de celles qui naissent de la satisfaction de ses nouveaux besoins. Quoiqu'elles aient puissamment concouru au développement des facultés affectives, elles sont, si je puis le dire, si animales qu'elles ne peuvent être admises comme preuves directes de la sensibilité du cœur. Mais je citerai comme telles le zèle qu'il met et le plaisir qu'il trouve à obliger les personnes qu'il affectionne, et même à prévenir leur désir, dans les petits services qu'il est à portée de leur rendre. C'est ce qu'on remarque, surtout dans ses rapports avec Mme Guérin. Je désignerai encore, comme le sentiment d'une âme civilisée, la satisfaction qui se peint sur tous ses traits, et qui souvent même s'annonce par de grands éclats de rire, lorsque arrêté dans nos leçons par quelque difficulté, il vient à bout de la surmonter par ses propres forces, ou lorsque content de ses faibles progrès, je lui témoigne ma satisfaction par des éloges et des encouragements. Ce n'est pas seulement dans ses exercices qu'il se montre sensible au plaisir de bien faire, mais encore dans les moindres occupations domestiques dont il est chargé, surtout si ces occupations sont de nature à exiger un grand développement des forces musculaires. Lorsque, par exemple, on l'occupe à scier du bois, on le voit, à mesure que la scie pénètre profondément, redoubler d'ardeur et d'efforts, et se livrer, au moment où la division va s'achever, à des mouvements de joie extraordinaires, que l'on serait tenté de rapporter à un délire maniaque, s'ils ne s'expliquaient naturellement, d'un côté par le besoin du mouvement dans un être si actif, et de l'autre par la nature de cette occupation qui, en lui présentant à la fois un exercice salutaire, un mécanisme qui l'amuse et un résultat qui intéresse ses besoins, lui offre d'une manière bien évidente, la réunion de ce qui plaît à ce qui est utile.

L. - Mais en même temps que l'âme de notre Sauvage s'ouvre à quelques-unes des jouissances de l'homme civilisé, elle ne continue pas moins à se montrer sensible à celle de sa vie primitive. C'est toujours la même passion pour la campagne, la même extase à la vue d'un beau clair de lune, d'un champ couvert de neige, et les mêmes transports au bruit d'un vent orageux. Sa passion pour la liberté des champs se trouve à la vérité tempérée par les affections sociales, et à demi satisfaite par de fréquentes promenades en plein air ; mais ce n'est encore qu'une passion mal éteinte, et il ne faut, pour la rallumer, qu'une belle soirée d'été, que la vue d'un bois fortement ombragé, ou l'interruption momentanée de ses promenades journalières. Telle fut la cause de sa dernière évasion.

Jean Itard

Mme Guérin, retenue dans son lit par des douleurs rhumatismales, ne put pendant quinze jours que dura sa maladie, conduire son élève à la promenade. Il supporta patiemment cette privation dont il voyait évidemment la cause. Mais dès que la gouvernante quitta le lit, il fit éclater sa joie qui devint plus vive encore lorsque au bout de quelques jours il vit Mme Guérin se disposer à sortir par un très beau temps ; et le voilà tout prêt à suivre sa conductrice. Elle sortit, et ne l'emmena point. Il dissimula son mécontentement, et lorsque à l'heure du dîner on l'envoya à la cuisine pour y chercher des plats, il saisit le moment où la porte cochère de la cour se trouvait ouverte pour laisser entrer une voiture, se glissa par-derrière, et se précipitant dans la rue, gagna rapidement la barrière d'Enfer.

LI. - Les changements opérés par la civilisation dans l'âme du jeune homme ne se sont pas bornés à éveiller en elle des affections et des jouissances inconnues, ils y ont fait naître aussi quelques-uns de ces sentiments qui constituaient ce que nous avons appelé la droiture du cœur : tel est le sentiment intérieur de la justice. Notre Sauvage en était si peu susceptible, au sortir de ses forêts, que longtemps après encore il fallait user de beaucoup de surveillance pour l'empêcher de se livrer à son insatiable rapacité. On devine bien cependant que, n'éprouvant alors qu'un unique besoin, celui de la faim, le but de toutes ses rapines se trouvait renfermé dans le petit nombre d'objets alimentaires qui étaient de son goût. Dans les commencements, il les prenait plutôt qu'il ne les dérobait ; et c'était avec un naturel, une aisance, une simplicité qui avaient quelque chose de touchant et retraçaient à l'âme le rêve de ces temps primitifs, où l'idée de la propriété était encore à poindre dans le cerveau de l'homme. Pour réprimer ce penchant naturel au vol, j'usai de quelques châtiments appliqués en flagrant délit. J'en obtins ce que la société obtient ordinairement de l'appareil effrayant de ses peines afflictives, une modification du vice, plutôt qu'une véritable correction ; aussi Victor déroba avec subtilité ce que jusque-là il s'était contenté de voler ouvertement. Je crus devoir essayer d'un autre moyen de correction ; et pour lui faire sentir plus vivement l'inconvenance de ses rapines, nous usâmes envers lui du droit de représailles. Ainsi, tantôt victime de la loi du plus fort, il voyait arracher de ses mains et manger devant ses yeux un fruit longtemps convoité, et qui souvent n'avait été que la juste récompense de sa docilité ; tantôt dépouillé d'une manière plus subtile que violente, il retrouvait ses poches vides des petites provisions qu'il y avait mises en réserve un instant auparavant.

LII. - Ces derniers moyens de répression eurent le succès que j'en avais attendu, et mirent un terme à la rapacité de mon élève. Cette correction ne s'offrit pas cependant à mon esprit comme la preuve certaine que j'avais inspiré à mon élève le sentiment intérieur de la justice. Je sentis parfaitement que, malgré le soin que j'avais pris de donner à nos procédés toutes les formes d'un vol injuste et manifeste, il n'était pas sûr que Victor y eût vu quelque chose de plus que la punition de ses propres méfaits ; et dès lors il se trouvait corrigé par la crainte de quelques nouvelles privations, et non par le sentiment désintéressé de l'ordre moral. Pour éclaircir ce doute, et avoir un résultat moins équivoque, je crus devoir mettre le cœur de mon élève à l'épreuve d'une autre espèce d'injustice qui, n'ayant aucun rapport avec la nature de la faute, ne parût pas en être le châtiment mérité, et fût par là aussi odieuse que révoltante. Je choisis, pour cette expérience vraiment pénible, un jour où, tenant depuis plus de deux heures Victor occupé à nos procédés d'instruction et, satisfait également de sa docilité et de son intelligence, je n'avais que des éloges et des récompenses à lui prodiguer. Il s'y attendait sans doute, à en juger par l'air content de lui qui se peignait sur tous ses traits, comme dans toutes les attitudes de son corps. Mais quel ne fut pas son étonnement de voir qu'au lieu des récompenses accoutumées, qu'au lieu de ces manières auxquelles il avait tant de droit de s'attendre, et qu'il ne recevait jamais sans les plus vives démonstrations de joie, prenant tout à coup une figure sévère et menaçante, effaçant, avec tous les signes extérieurs du mécontentement, ce que je venais de louer et d'applaudir, dispersant dans tous les coins de sa chambre ses cahiers et ses cartons, et le saisissant enfin lui-même par le bras, je l'entraînais avec violence vers un cabinet noir qui, dans les commencements de son séjour à Paris lui avait quelquefois servi de prison. Il se laissa conduire avec résignation jusque près du seuil de la porte. Là, sortant tout à coup de son obéissance accoutumée, s'arc-boutant par les pieds et par les mains contre les montants de la porte, il m'opposa une résistance des plus vigoureuses et qui me flatta d'autant plus qu'elle était toute nouvelle pour lui, et que jamais, prêt à subir une pareille punition alors qu'elle était méritée, il n'avait démenti un seul instant sa soumission par l'hésitation la plus légère. J'insistai néanmoins pour voir jusqu'à quel point il porterait sa résistance, et faisant usage de toutes mes forces, je voulus l'enlever de terre pour l'entraîner dans le cabinet. Cette dernière tentative excita toute sa fureur. Outré d'indignation, rouge de colère, il se débattait dans mes bras avec une violence qui rendit pendant quelques minutes mes efforts infructueux ; mais enfin, se sentant prêt à ployer sous la loi du plus fort, il eut recours à la dernière ressource du faible ; il se jeta sur ma main, et y laissa la trace profonde de ses dents. Qu'il m'eût été doux, en ce moment, de pouvoir me faire entendre de mon élève, et de lui dire jusqu'à quel point la douleur même de sa morsure me remplissait mon âme de satisfaction et me dédommageait de toutes mes peines ! Pouvais-je m'en réjouir faiblement ? C'était un acte de vengeance bien légitime ; c'était une preuve incontestable que le sentiment du juste et de l'injuste, cette base éternelle de l'ordre social, n'était plus étranger au cœur de mon élève. En lui donnant ce sentiment, ou plutôt en en provoquant le développement, je venais d'élever l'homme sauvage à toute la hauteur de l'homme moral, par le plus tranché de ses caractères et la plus noble de ses attributions.

LIII. - En parlant des facultés intellectuelles de notre Sauvage, je n'ai point dissimulé les obstacles qui avaient arrêté le développement de quelques-unes d'entre elles, et je me suis fait un devoir de marquer exactement toutes les lacunes de son intelligence. Fidèle au même plan dans l'histoire des affections de ce jeune homme, je dévoilerai la partie brute de son cœur avec la même fidélité que j'en ai fait voir la partie civilisée. Je ne le tairai point, quoique devenu sensible à la reconnaissance et à l'amitié, quoiqu'il paraisse sentir vivement le plaisir d'être utile. Victor est resté essentiellement égoïste. Plein d'empressement et de cordialité quand les services qu'on exige de lui ne se trouvent pas en opposition avec ses besoins, il est étranger à cette obligeance qui ne calcule ni les privations, ni les sacrifices ; et le doux sentiment de la pitié est encore à naître chez lui. Si dans ses rapports avec sa gouvernante, on l'a vu quelquefois partager sa tristesse, ce n'était là qu'un acte d'imitation analogue à celui qui arrache des pleurs au jeune enfant qui voit pleurer sa mère ou sa nourrice. Pour compatir aux maux d'autrui, il faut les avoir connus, ou du moins en emprunter l'idée de notre imagination ; ce qu'on ne peut attendre d'un très jeune enfant, ou d'un être tel que Victor, étranger à toutes les peines et privations dont se composent nos souffrances morales.

LIV. - Mais ce qui, dans le système affectif de ce jeune homme, paraît plus étonnant encore et au-dessus de toute explication, c'est son indifférence pour les femmes, au milieu des mouvements impétueux d'une puberté très prononcée. Aspirant moi-même après cette époque, comme après une source de sensations nouvelles pour mon élève et, d'observations attrayantes pour moi, épiant avec soin tous les phénomènes avant-coureurs de cette crise morale, j'attendais chaque jour qu'un souffle de ce sentiment universel qui meut et multiplie tous les êtres, vînt animer celui-ci et agrandir son existence morale. J'ai vu arriver ou plutôt éclater cette puberté tant désirée, et notre jeune Sauvage se consumer de désirs d'une violence extrême et d'une effrayante continuité, sans pressentir quel en était le but, et sans éprouver pour aucune femme le plus faible sentiment de préférence. Au lieu de cet élan expansif qui précipite un sexe vers un autre, je n'ai vu en lui qu'une sorte d'instinct aveugle, et faiblement prononcé qui, à la vérité, lui rend la société des femmes préférable à celle des hommes, mais sans que son cœur prenne aucune part à cette distinction. C'est ainsi que, dans une réunion de femmes, je l'ai vu plusieurs fois, cherchant auprès d'une d'entre elles un soulagement à ses anxiétés, s'asseoir à côté d'elle, lui pincer doucement la main, les bras et les genoux, et continuer jusqu'à ce que, sentant ses désirs inquiets s'accroître, au lieu de se calmer par ces bizarres caresses, et n'entrevoyant aucun terme à ses pénibles émotions, il changeait tout à coup de manières, repoussait avec humeur celle qu'il avait recherchée avec une sorte d'empressement, et s'adressait de suite à une autre avec laquelle il se comportait de la même manière. Un jour cependant il poussa ses entreprises un peu plus loin. Après avoir d'abord employé les mêmes caresses, il prit la dame par les deux mains et l'entraîna, sans y mettre pourtant de violence, dans le fond d'une alcôve.

Là, fort embarrassé de sa contenance, offrant dans ses manières et dans l'expression extraordinaire de sa physionomie un mélange indicible de gaieté et de tristesse, de hardiesse et d'incertitude, il sollicita à plusieurs reprises les caresses de sa dame en lui présentant ses joues, tourna autour d'elle lentement et d'un air méditatif et finit enfin par s'élancer sur ses épaules, en la serrant étroitement au cou. Ce fut là tout, et ces démonstrations amoureuses finirent, comme toutes les autres, par un mouvement de dépit qui lui fit repousser l'objet de ses éphémères inclinations.

LV. - Quoique depuis cette époque, ce malheureux jeune homme n'ait pas été moins tourmenté par l'effervescence de ses organes, il a cessé néanmoins de chercher dans ses caresses impuissantes, un soulagement à ses désirs inquiets. Mais cette résignation au lieu d'apporter un adoucissement à sa situation, n'a servi qu'à l'exaspérer, et à faire trouver à cet infortuné un motif de désespoir dans un besoin impérieux, qu'il n'espère plus satisfaire. Aussi lorsque, malgré le secours des bains, d'un régime calmant et d'un violent exercice, cet orage des sens vient à éclater de nouveau, il se fait de suite un changement total dans le caractère naturellement doux de ce jeune homme, et passant subitement de la tristesse à l'anxiété, et de l'anxiété à la fureur, il prend du dégoût pour ses jouissances les plus vives, soupire, verse des pleurs, pousse des cris aigus, déchire ses vêtements, et s'emporte quelquefois au point d'égratigner ou de mordre sa gouvernante. Mais alors même qu'il cède à une fureur aveugle qu'il ne peut maîtriser, il en témoigne un véritable repentir, et demande à baiser le bras ou la main qu'il vient de mordre. Dans cet état, le pouls est élevé, la figure vultueuse ; et quelquefois le sang s'écoule par le nez et par les oreilles : ce qui met fin à l'accès et en éloigne pour plus longtemps la récidive, surtout si cette hémorragie est abondante. En partant de cette observation, j'ai dû pour remédier à cet état, ne pouvant ou n'osant faire mieux, tenter l'usage de la saignée, mais non sans beaucoup de réserves, persuadé que la véritable indication est d'attiédir cette effervescence vitale, et non point de l'éteindre. Mais je dois le dire, si j'ai obtenu un peu de calme par l'emploi de ce moyen et de beaucoup d'autres qu'il serait fort inutile d'énumérer ici, cet effet n'a été que passager, et il résulte de cette continuité de désirs violents autant qu'indéterminés, un état habituel d'inquiétude et de souffrance, qui a continuellement entravé la marche de cette laborieuse éducation.

LVI. - Telle a été cette époque critique qui promettait tant, et qui eût sans doute rempli toutes les espérances que nous y avions attachées si, au lieu de concentrer toute son activité sur les sens, elle eût ainsi animé du même feu le système moral, et porté dans ce cœur engourdi le flambeau des passions. Je ne me dissimulerai pas néanmoins, à présent que j'y ai profondément réfléchi, qu'en comptant sur ce mode de développement des phénomènes de la puberté, c'était mal à propos que j'avais dans ma pensée assimilé mon élève à un adolescent ordinaire, chez lequel l'amour des femmes précède assez souvent, ou du moins accompagne toujours, l'excitement des parties fécondantes. Cet accord de nos besoins et de nos goûts ne pouvait se rencontrer chez un être à qui l'éducation n'avait point appris à distinguer un homme d'avec une femme, et qui ne devait qu'aux seules inspirations de l'instinct d'entrevoir cette différence, sans en faire l'application à sa situation présente. Aussi ne doutais-je point que si l'on eût osé évoiler à ce jeune homme le secret de ses inquiétudes, et le but de ses désirs, on en eût retiré un avantage incalculable. Mais d'un autre côté, en supposant qu'il m'eût été permis de tenter une pareille expérience, n'avais-je pas à craindre de faire connaître à notre Sauvage un besoin qu'il eût cherché à satisfaire aussi publiquement que les autres et qui l'eût conduit à des actes d'une indécence révoltante ? J'ai dû m'arrêter, intimidé par la crainte d'un pareil résultat, et me résigner à voir, comme dans maintes autres circonstances, mes espérances s'évanouir comme tant d'autres devant un obstacle imprévu.

Telle est, Monseigneur, l'histoire des changements survenus dans le système des facultés affectives du *Sauvage de l'Aveyron*. Cette section termine nécessairement tous les faits relatifs au développement de mon élève pendant l'espace de quatre années. Un grand nombre de ces faits déposent en faveur de ma perfectibilité, tandis que d'autres semblent l'infirmer. Je me suis fait un devoir de les présenter sans distinction les uns comme les autres, et de raconter avec la même vérité mes revers comme mes succès. Cette étonnante variété dans les résultats rend, en quelque façon, incertaine l'opinion qu'on peut se former de ce jeune homme et jette une sorte de désaccord dans les conséquences qui se présentent à la suite des faits exposés dans ce mémoire. Ainsi, en rapprochant ceux qui se trouvent disséminés dans les paragraphes VI, VII, XVIII, XX, XLI, LIII et LIV on ne peut s'empêcher d'en conclure, 1° que, par une suite de la nullité presque absolue des organes de l'ouïe

Jean Itard

et de la parole, l'éducation de ce jeune homme est encore et doit être à jamais incomplète ; 2° que, par une suite de longue inaction, les facultés intellectuelles se développent d'une manière lente et pénible ; et que ce développement qui, dans les enfants élevés en civilisation, est le fruit naturel du temps et des circonstances, est ici le résultat lent et laborieux d'une éducation toute agissante, dont les moyens les plus puissants s'usent à obtenir les plus petits effets ; 3° que les facultés affectives, sortant avec la même lenteur de leur long engourdissement, se trouvent subordonnées, dans leur application, à un profond sentiment d'égoïsme et que la puberté, au lieu de leur avoir imprimé un grand mouvement d'expansion, semble ne s'être fortement prononcée que pour prouver que s'il existe dans l'homme une relation entre les besoins de ses sens et les affections de son cœur cet accord sympathique est, comme la plupart des passions grandes et généreuses, l'heureux fruit de son éducation.

Mais si l'on récapitule les changements heureux survenus dans l'état de ce jeune homme et particulièrement les faits consignées dans les paragraphes IX, X, XI, XII, XIV, XXI, XXV, XXVIII, XXX, XXXI, XXXII, XXXIII, XXXIV, XXXV, XXXVII, XXXVIII, XLIV, XLV, XLVI, XLVII et XLIX on ne peut manquer d'envisager son éducation sous un point de vue plus favorable et d'admettre comme conclusions rigoureusement justes, 1° que le perfectionnement de la vue et du toucher, et les nouvelles jouissances du goût, en multipliant les sensations et les idées de notre Sauvage, ont puissamment contribué au développement des facultés intellectuelles ; 2° qu'en considérant ce développement dans toute son étendue, on trouve, entre autres changements heureux, la connaissance de la valeur conventionnelle des signes de la pensée, l'application de cette connaissance à la désignation des objets et à l'énonciation de leurs qualités et de leurs actions d'où étendue des relations de l'élève avec les personnes qui l'environnent, la faculté de leur exprimer ses besoins, d'en recevoir des ordres et de faire avec elles un libre et continuel échange de pensées ; 3° que malgré son goût immodéré pour la liberté des champs et son indifférence pour la plupart des jouissances de la vie sociale, Victor se montre reconnaissant des soins qu'on prend de lui, susceptible d'une amitié caressante, sensible au plaisir de bien faire, honteux de ses méprises, et repentant de ses emportements ; 4° et qu'enfin, Monseigneur, sous quelques points de vue qu'on envisage cette longue expérience, soit qu'on la considère comme l'éducation méthodique d'un homme sauvage, soit qu'on se borne à la regarder comme le traitement physique et moral d'un de ces êtres disgraciés par la nature, rejetés par la société, et abandonnés par la médecine, les soins qu'on a pris de lui, ceux qu'on lui doit encore, les changements qui sont survenus, ceux qu'on peut espérer, la voix de l'humanité, l'intérêt qu'inspirent un abandon aussi absolu et une destinée aussi bizarre, tout recommande ce jeune homme extraordinaire à l'attention des savants, à la sollicitude de nos administrateurs et à la protection du gouvernement.

ISBN : 978-1545239049

Jean Itard